数字广告案例集

2023年—2024年

张华　季华敏　吴冰冰 / 著　　上海国际广告节组委会 / 出品

文汇出版社

《数字广告案例集》

（2023 年—2024 年）

编委会

主　任

杜贵根

副主任

周　瑾

统　筹

金行达　赵　俊

策　划

陈　佳　赵晶晶　胡　鹄

成　员

杨茉澜　疏　甜　苏　颖　施　懿　高上媛
陈佳欣　许文龙　岑天怡　李　甜　梁鸿瑶

数字时代的广告变革与上海实践

杜贵根
上海国际广告节组委会主席
上海市广告协会会长

　　作为上海三大节庆活动之一的上海国际广告节，至今已成功举办七届。七年来，我们见证了数字技术如何重塑广告产业的每一个环节，也亲历了上海广告业在数字化转型浪潮中的华丽蜕变。今天，当我们回望这段历程，可以清晰地看到上海国际广告节已经发展成为推动产业数字化转型的重要引擎、打响上海四大品牌的重要阵地、展示上海城市形象的重要窗口，以及连接中国与全球广告市场的重要桥梁。

　　在创意与技术的双轮驱动下，上海数字广告业正在书写着发展的新篇章。一方面，人工智能、大数据、元宇宙等前沿技术与广告创意的有机结合，实现了广告产业新质生产力的持续跃升；另一方面，上海广告业在品牌建设、消费促进、文化传播等方面的独特价值，为上海建设国际数字广告之都注入源源不断的创新动能。

　　特别值得铭记的是，2024年上海国际广告节荣获"上海品牌"认证。这一殊荣不仅是对我们七年耕耘的认可，更是对广告节平台价值的激励。七年来，我们见证了无数优秀品牌在这里绽放光彩，见证了创意人才在这里崭露头角，更见证了上海广告产业生态的日臻完善。

今天的上海国际广告节，已经成为全球广告人思想碰撞的殿堂、创新实践的热土。

作为这一历程的见证者和记录者，我们特别编纂这本《数字广告案例集》，精心遴选 2023—2024 年度最具代表性的优秀案例。这些案例不仅展现了数字广告的最新发展趋势，更折射出行业在技术应用、创意表达、策略思维等方面的突破与创新。我们相信，通过对这些案例的深度剖析，可以为从业者提供有价值的参考，为研究者提供丰富的素材，为整个行业的可持续发展提供有益的借鉴。

在这些精彩案例的背后，我们看到的不仅是技术的进步，更是对社会的洞察。每一个成功的数字广告案例，都是对消费者需求的深刻挖掘，都是对品牌价值的精准传达，都是对社会文化的生动诠释。这正是数字广告的魅力所在——它既是商业的，也是人文的；既是理性的，也是感性的；既是现实的，也是未来的。

展望未来，上海国际广告节将继续发挥平台优势，深化国际交流合作，培育行业发展新动能，打造数字广告创新高地。我们期待通过这些努力，让上海国际广告节真正成为全球广告创新的风向标，为世界广告业的发展贡献中国智慧、上海方案。用最前沿和创新的广告案例为大家提供启发灵感的创意源泉与可落地的行业标杆，持续推动全球广告产业的价值升级与生态繁荣，撬动全社会力量共同谱写广告业的新篇章。

2025 年 1 月 16 日

混沌中，寻找锚点

金定海
上海师范大学教授

新技术，尤其是数字技术的到来，总是蒙着一层让人看不透的混沌。

如果一眼就能让人看个明白，新技术的生存就一定会难很多！因为人们既有的经验和利益，不足以让我们满心喜悦地拥抱新技术及其带来的改变。

面对人工智能、大数据、云计算以及不断衍生出来的新工具，整个行业乃至社会，顿时陷入混沌。原本熟悉的标准、关系、投入产出、战略创新，一下变得可疑了！

混沌是源自新事物的瞬间涌现，已有的知识和智慧既无法处理，也无法解读。混沌本身可能就是一种缺乏实体感的弥散，一种难以结构化的过渡状态。倘若能分出阴阳来，混沌就结束了！

混沌，经常成为一种新技术的生存策略，它会让创新的逻辑更趋于想象，让颠覆的资本更容易扩张。混沌，也是一种周期性的行业现象，是新技术、新关系、新形态尚未定性显形时的症候。由此发展而来的是模式纷争、套路迭出、新词横行、情绪上位……挑战大于守成，确定性招致普遍的嘲弄，太多的决策只能在没有经验只有想象的状态中生成。对此，我们无法脱逃！

如何在看不清道不明的行业夹缝中锚定自己？如何在尚未清洗的数据、尚未确认的信息中锚定战略？这些根本性的问题，其实根本不需要回答，因为没有锚定物，就不可能有回答。若想在混沌中破局，还得要多找些案例作为锚定物，来做比对，沉淀行业的经验，锚定自己的心智。在总体性混沌的前提下，一些富于开风气之先的经典案例，最具锚定物的属性，也最有行业标杆意义。

上海，过去俗称"十里洋场"，现在谓之"魔都"，突出的是上海商业文明的开放性、丰富性和新异性。面对数字化浪潮，上海的目标是创建"中国数字广告之都"。此举领风气之先，孕育并驱动着广告业的创新与发展。本书便是在此背景之下，广泛搜集案例，精心编纂遴选，旨在透过鲜活的个案，努力廓清数字混沌，探讨数字技术对于广告营销的影响和机会，展现上海广告行业的发展路径与独特风采。

本书收录的 26 个案例，是从 2023—2024 年度 325 个等级奖项中精挑细选而出的佼佼者，它们不仅代表了本年度广告创意与执行的巅峰水平，更是行业宝贵经验的集中体现。每一个案例的背后，都蕴含着团队对市场的洞察和理解、对消费者心理的精准把握以及对创新技术的勇敢尝试，为后来者提供了可资借鉴、可资复制的成功模式与实战经验。

这些精选案例划分为六大主题："ESG""故事""文化自信与品牌认同""前瞻（技术向）""效果营销"和"跨界营销"。内容涉及广泛，从关注环境、社会与"ESG"，到"故事"营销的切入，再到"文化自信与品牌认同"的深度探索，每一个主题都呈现出一种社会向度和叙事视角，努力响应市场趋势和互动关系。"前瞻（技术向）"部分则重点展示了广告业对新技术、新媒介的创新应用；"效果营销""跨界营销"则分别从结果导向和跨域破界的角度中去梳理案例，找寻锚点。

站在时间的交汇点上，我们体会到现在与未来的所有相关性。本书所呈现的不仅仅是对过去一年广告实践的总结，更是对未来广告趋势的一次预演。每一个案例、每一个标签，都是通往未来广告世界的锚点，昭示着行业变革的难度和深度。

不知道风的方向，但可以知道叶子往什么地方飘落！看不清数字技术卷起的混沌，但可以通过诸多案例锚定的轨迹得以前行。这就是案例集的功德所在。本书不仅是对过去成就的致敬之作，更是对未来可能性的深刻探索。它犹如一座桥梁，连接着广告行业的现在与未来，邀请每一位读者共同见证并参与这一场激动人心的变革之旅。让我们携手前行，在预见未来的道路上，共同书写广告业的新篇章。

2024 年 12 月 23 日

光影流转，创意永恒：
见证广告艺术的传承与启迪

莫康孙
MTACH 马马也 创始人 & CEO
上海国际广告奖评审团荣誉主席

上海国际广告奖从 2018 年诞生至今，我一路见证了奖项的发展与成长，作为常年的评审团主席，每次在为各种天马行空的创意拍案叫绝时，也一直在思考，如何让这些案例背后的专业和理念传递给更多年轻人。

现在，我满怀欣喜地见证了《数字广告案例集》的出版，此书不但汇聚了 26 则上海国际广告奖的获奖佳作，更是一场深入行业肌理的深度对话。每一案例均辅以详尽的剖析，细腻再现了从创意萌芽到执行落地的完整旅程，展现出广告人的策略深度与创意锋芒。尤为珍贵的是，书中通过深入访谈广告公司及品牌方，揭示了案例背后的决策逻辑与市场洞察，为读者开启了一扇通往成功背后的智慧之门。

在数字广告日新月异的今天，广告教育亦须与时俱进。对于广告学及相关领域的学子来说，这本书是一个不可多得的学习宝库，它让抽象的理论知识变得生动具体，让创意的火花在实践中绽放。通过阅读这些经典案例，学生们将能够亲历广告策划与执行的每一个细节，从而在潜移默化中提升实操能力，激发无限的创意思维。而对于广告行业的从业者而言，这本书则是不可多得的实战指南与灵感源泉，它将以全新的视角和策略为他们提供新的思路和方法，助力他们在日常工作中不断突破。

广告行业的未来发展，离不开新兴人才的不断涌现。我期待着更多有创造力、有激情的年轻人能够进入广告行业，保持对创意的热情和对市场的敏锐度，为行业注入新的活力。

我衷心祝愿，《数字广告案例集》能够激发无数心灵的共鸣与启迪，成为年轻广告人手中不可或缺的宝典。同时，我也期待未来的广告行业能够继续蓬勃发展，不断涌现出更多优秀的作品和人才。

最后，感谢上海国际广告节和上海师范大学为本书出版付出的努力，感谢所有参与本书编纂、提供案例支持的广告公司及品牌伙伴。

2025 年 1 月 8 日

让创意在数字世界中可持续发展

季华敏
上海道仑文化传播有限公司总经理
上海国际广告节组委会副秘书长

上海国际广告节是在上海市相关管理部门指导下，由上海国际广告节组委会主办的一年一度的国际级广告节事活动，是上海国际"三大节"之一，始终致力于搭建一个汇聚全球广告精英、交流前沿思想的平台。作为广告行业的盛事，上海国际广告节始终秉承着"引领、创意、实效"的理念，持续关注数字广告领域的创新与变革，除了每年主体节事的举办，我们也更希望将广告节的溢出价值赋能到整个行业的可持续发展当中。

《数字广告案例集》的编撰，是上海国际广告节组委会和上海师范大学基于共同愿景与使命的一次深度合作。而上海师范大学，作为一所历史悠久、底蕴深厚的高等学府，其在广告学、传播学及数字媒体艺术等领域的研究成果丰硕，培养了一大批优秀的广告人才。此次合作，将双方的资源优势与学术力量紧密结合，共同挖掘并呈现数字广告领域的精彩案例。

本书所收录的案例皆来自上海国际广告节的获奖案例，既有国内外知名品牌的成功实践，也有新锐企业的创新尝试。这些案例不仅展现了数字广告在提升品牌曝光度、促进销售增长方面的巨大潜力，更揭示了广告创意与技术融合所带来的无限可能。我们希望通过这些案例的分析与解读，为广告学子和广告从业者提供有益的参考与启示，激发更多的创意灵感与技术创新。

在编撰过程中，我们得到了众多业界专家与学者的鼎力支持。他们不仅提供了宝贵的案例素材与深入的分析见解，还就如何提升案例集的学术价值与实践意义提出了许多建设性意见。在此，我们要向所有参与本书编辑与撰写工作的同仁表示衷心的感谢。

展望未来，随着数字技术的不断进步与普及，数字广告行业将迎来更加广阔的发展空间与机遇。我们相信，《数字广告案例集》的出版，将为广告行业的持续健康发展贡献一份力量。同时，我们也期待与更多业界伙伴携手合作，共同推动广告行业的创新与发展。

2024 年 12 月 12 日

序

故事

文化自信　品牌认同

ESG

数字广告案例集 Digital Advertising Case Collection

ESG

让世界看见大山里的诗意

让女性的自由有处可栖

发掘技术之"善"，释放小微商家的创意能量

感同身受，焕新老龄公益

在翻页间，重新看见公益捐助的价值

身体

爱你

让世界看见大山里的诗意

品牌方： 中国银联
案例名称： 中国银联诗歌 POS 公益行动——诗歌长城
创意执行方： 上海天与空广告有限公司
上海国际广告奖奖项： 金奖

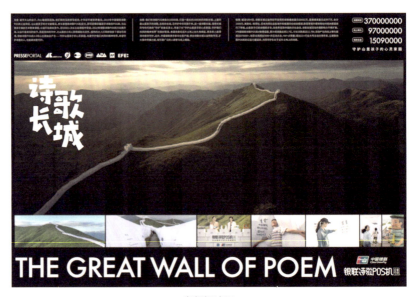

案例概述图

　　长城，作为中国古代第一军事工程，有着"守护"的象征意义。在过去，长城守护着我们的家园，如今，我们再造一座"诗歌长城"，守护山里孩子的心灵家园，守护我们共同的精神世界。

——上海天与空广告有限公司

本案例 TVC

　　在福建省宁德市柘荣县的鸳鸯草场，中国银联携手上海天与空广告有限公司（以下皆简称为"天与空"），共同打造了一座长达 1000 米的"诗歌长城"，这座"长城"由诗歌 POS 单放大至 10000 倍搭建而成，雄伟壮观的"长城"上记录着孩子们天马行空的想象与柔软细腻的心声。"诗歌长城"系列项目还包括线上小程序"大山回声"，它让城市里的更多人可以读到孩子们的诗歌，进一步看见他们金子一般的才华。

　　当大山里的诗意自由地流淌进城市，相信会有更多人能够感受到美的力量。作为金融央企，中国银联处于中国银行卡产业的核心和枢纽地位，这一身份不仅代表着荣誉，更承载着责任，在以"支付为民"理念所指导下的公益行动中，品牌将人的主体性放在第一位，用实践打破时代的困境局面。在本案例中，品牌是怎样结合自身调性展开公益叙事的？在针对"乡村教育"的公益行动里，除了让孩子们的物质困境"被看见"，还有什么是能够被放进品牌的公益想象中的？中国银联此次的公益行动在城市与大山之间建立了怎样的连接？

一、打破单向输入的惯例，看见大山孩子的主体性

在大山深处，教育事业面临着诸多挑战。资源匮乏、师资力量薄弱、信息闭塞等问题使得大山里的孩子们在接受教育的过程中面临着更多困难。但幸运的是，城市或较发达地区总会有源源不断的力量涌向山村，为他们带来物质上的帮扶以及优秀的师资力量。这无疑为孩子们带来了新的机遇和希望。然而，力量的单向流动存在着一定的局限性，这种单向输入的帮扶模式对于孩子们来说往往是一种被动接受行为，它忽略了乡村孩子自身的力量和潜质。实际上，大山里的孩子们也渴望展示自己的才华、诉说自己的梦想，并给予他人以力量。

这些孩子们应该受到鼓舞——他们脚下的那片土地蕴藏着深厚的魅力，他们每个人的故事都值得被认真聆听。诗歌是人们内心世界的真实写照，也是个人情感和意志的自由流露，用诗歌承载天马行空的想象，心灵可以抵达更远的地方。诗心在孩子的灵魂里萌芽，是件无比珍贵的事，但由于信息闭塞，这些孩子的才华往往被埋没在深山之中，难以被更多人知晓和欣赏。

如今，万物皆可为媒，信息的传播不再受时空条件局限，那些来自大山的力量终于可以充分得到展现。在看到了孩子们的力量以及他们金子般的才华后，中国银联充分利用"POS单"这一媒介，为大山里的孩子们搭建起了"诗歌长城"这个分享与展示的平台，并借诗歌这一"慢"媒介，将孩子们的成长历程完完整整地展示给全世界的读者。不仅如此，从大地艺术装置"诗歌长河"到与LELECHA乐乐茶合作的周边

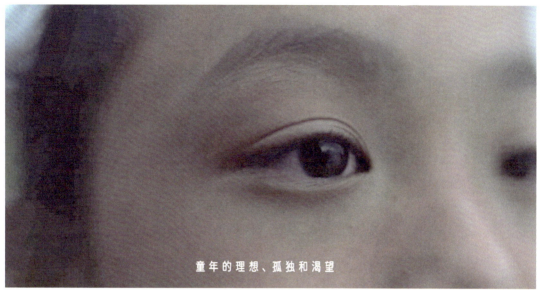

本案例 TVC

产品，再到线上小程序"大山回声"……从线下到线上，从实体到虚拟——这些丰富的媒介共同串联起了一个完整的公益故事，为城市里的人们打造了一场来自山野的诗意盛宴，以别样的方式让孩子们的充沛能量也流向城市。这种双向的滋养让更多人感受到了诗歌的力量和美好，让大山与城市之间的联系更加紧密。

总之，"诗歌长城"为品牌的公益行动提供了一个崭新的视角。通过这座"诗歌长城"，我们看到了乡村美育的无限可能和希望。它让所有人意识到，大山里的孩子们同样拥有创造力和想象力，他们同样能够创作出优秀的作品、表达自己的想法。我们应该更加重视他们的主体性，为乡村孩子们提供更多的资源和机会。

二、线上线下媒介相协同，打通创意表现的场景

"让创意跨越一切沟通平台，以跨媒体创意为核心，重新打通整合营销传播❶路径。"

创意执行方天与空所坚守的这套品牌传播哲学在"诗歌长城"系列项目中得到了充分的展现——线上线下多种媒介相互之间发挥着协同作用，虚实结合的内容表现方式支撑起整个大创意。

从"诗歌POS机"项目开启至今，大山里的诗歌已经通过各种不同的媒介和渠道进入大家的视野当中。比如，2019创意团队在北京等全国六城做了中国银联"诗歌POS机"公益巡展项目，通过在城市地标点安放诗歌POS机，邀请大众体验，城市里的很多人第一次感受到了山里

本案例 TVC

❶ 整合营销传播：是由美国西北大学唐·舒尔茨教授于20世纪80年代末提出的一种营销概念，被称为Speak With One Voice(用一个声音说话)，即营销传播的一元化策略。一方面，整合营销传播把广告、促销、公关、直销、CI、包装、新闻媒体等一切传播活动都纳入营销活动的范围；另一方面，则使企业能够将统一的传播资讯传达给消费者。整合营销传播具有以统一的传播形象出现、整合各种传播资源、双向沟通等特点，可以使品牌符号传播发挥最大功效。

孩子们的才华；再如线上互动 H5 页面《大山回声》，用户通过扫描二维码即可聆听大山里的小诗人纯真的诗歌朗诵，并且可以通过点击"回应"按钮用声音来守护诗歌；同时，中国银联与 LELECHA 乐乐茶跨界合作，以"以诗为乐"为主题，推出了一系列充满诗意的周边杯套和手提袋，让纯粹之美融入人们的生活细节中。不仅如此，项目还将公益募捐的形式进行了创新，中国银联联合中国宋庆龄基金会和易宝公益平台，共同开发了线上募捐小程序，并嫁接到中国银联"云闪付"APP 上，让全国人民都可以随时感受到诗意，支持山里孩子的才华。

总之，"诗歌长城"系列公益项目不仅是对媒介表达的深度创新，更是对公益内核的深度挖掘。在形式上它打破了传统的募捐方式与帮扶方式，在内容上一反传统公益叙事的模式，给所有人带来全新的体验和感受。

三、再造"长城"：用热爱战胜执行过程中的困难

对于广告受众来说，"看见"像是一粒种子，它悄然生根、发芽，在一刹那触动人心，改变一个人的观念，甚至影响他们的人生轨迹。然而，对于制造新观念的内容创意者来说，带来一次打动人心的"看见"、酝酿一个有影响力的事件、带动社会大众聚焦一个群体——这些皆非易事，成熟想法的落地需要经历时间的洗礼、遭遇无数困境的洗刷。对于"诗歌长城"的创意执行团队来说，他们在这个项目中所经历的艰辛难以用只言片语来述说，在整个过程中，大自然的神奇以及瞬息万变支配着团队的执行计划，当他们汇聚众人之力搭建好"长城"时，每个人的感受都是复杂的——可能是紧张的、轻松的、感动的，抑或庆幸的……复杂的情绪交织在一起最终落在了"造一座长城，没那么简单"这句感叹中。在半年时间里，他们的付出和坚持，让这个项目得以顺利进行，让更多的人"看见"了大山里孩子们的才华和梦想。

（一）选址考察

为了找到合适的取景地，天与空团队几乎走遍了大半个中国。由于早先"诗歌长河"的项目经验，他们最先想到的是去张家界取景，之后还走过了重庆、贵州，甚至北上内蒙古。随着项目的深入，他们甚至有一个大胆的想法——在真正的长城后面搭建一段一公里的"布长城"。这个想法无疑充满了创意和激情，但在实际操作中，交通、风力、疫情和施工难度等因素都需要去综合考虑，这使得这个想法最终没能实现。在经过多次考察之后，他们最终选择了最契合的取景地福建柘荣。

（二）勘景困难

敲定了取景地后，勘景随即开始，但这个工作并没有他们想象的那么顺利，需要解决的问题还有很多。柘荣鸳鸯草场气候多变，遇上极端天气似乎是常有的事情，由于雾太大，看不到山上有路，他们在勘探的过程中几乎是一步一步爬上去的，经过两次勘景，才最终选定了建造"长城"的具体位置。

（三）搭建与测试

项目的反复实验也是整个执行过程中比较难的一部分。在现场，团队需要考虑这些问题：搭建过程中使用的布料是否抗风？布料怎么样挂在长城的架子上才更结实？怎么打桩才更牢固？他们在山顶做了两天抗风的实验之后，又前往天津的工厂做了各种挂钩实验，经历了两周的实验准备后，才真正到了正式施工的这一步。在项目搭建的过程中，所有人都使出了自己的"十八般武艺"。

广告人似乎都有这样一种能力，即用一种很特别的态度，消解掉整个团队所经历的"艰辛"。整个项目的最难点当属多重资源的整合。拥有了像金子般闪闪发光的孩子们的诗歌，公益项目则拥有了最无懈可击的内容，但是用什么样的形式，才能更好地将这些诗歌才华展现、落地，这是最具有挑战性的事情。从前期的创意策划，到创作故事脚本、

本案例 TVC

沟通拍摄制作班底、寻找落地场地，再到接洽权威媒体一起报道共创，这个过程历经了大半年。无论在执行过程中扮演什么角色、遇到了怎样的难题，当大家真正阅读到孩子们的诗歌时，所有人都非常动容。

"游客一边欣赏着诗歌长城的全貌，一边欣赏着山里孩子的诗歌，这大概是我们团队心中最有成就感的一刻了。"

四、诗性公益——交换人与人之间的纯粹情感

中国银联诗歌 POS 机公益行动不同于以往那些侧重于物质支持的公益行动，它更聚焦于山区儿童的真实生活和学习日常，发现他们在精神、情感层面的需求，让越来越多的人关注到大山里的留守儿童。孩子们的诗歌是生动的，是富有感染力的，通过诗歌，他们可以更好地进行情感表达。公益从来没有必要去歌颂生活当中的"苦难"，更多时候，它只是在交换人与人之间最美、最纯粹的情感。当公益褪去"严肃文学"的外皮，仅凭纯朴的文字也能够传递心底的温暖。

"诗歌长城"公益特别节目预热视频播放量超过 600 万，直播播放量超过 900 万，合计超过 1500 万。美联社、埃菲社、日本共同社这些海外著名通讯社纷纷报道，数百家境外媒体网站对相关报道进行了转载。这个"柔软"的公益项目汇聚着全世界的目光，让大山里的孩子为自己的才华而感到骄傲，同时也让城市里的更多人在生活中能够感受诗意，在互联网高度发达，信息极度膨胀的今天，我们习惯被短视频淹没，被碎片化内容席卷，因此才更珍惜山里孩子的才华。"诗歌长城"守护孩子们的精神家园，它也在不断提醒着我们所有人不要忘记诗意的生活。

本案例 TVC

每个人生来都有感受美的能力和权利，创作和分享更不应该是一件有门槛的事情，我们常常追寻的诗和远方其实就在脚下。正如大山并不能阻挡孩子们去用诗歌描绘他们自己的故事，他们在一个更加纯粹的世界中用诗歌书写着自己的童年，记录下他们最真挚的感受。在这座再造的"长城"上，他们快乐地奔跑着。

参考文献
[1] 温汉华：《品牌符号传播与整合营销传播的内在联系》，《新闻知识》，2013 年第 11 期

补充材料
1. 中国银联诗歌 POS 机公益行动：2019 年 7 月 15 日，在上海陆家嘴地铁站，出现了 15 台可以打印出诗歌的特殊 POS 机，这些诗歌的创作者，是来自大山的孩子。这是中国银联以"诗歌 POS 机，让山里的才华被看见"为活动主题发起的一场特殊的公益活动。
2. 诗歌长河：中国银联携手中国宋庆龄基金会，发起 2020 年度"中国银联诗歌 POS 机公益行动"，打造了名为"诗歌长河"的大地艺术装置。
3. 大山回声：这是一个线上互动 H5 页面，用户通过扫描二维码即可聆听大山里的小诗人的诗歌朗诵，并且可以通过点击"回应"按钮用声音来守护诗意。
4.《大山里的小诗人》诗集：《大山里的小诗人》是由人民日报出版社携手中国银联策划出版的一套公益诗歌作品集，辑录了生活在大山里的孩子们的诗歌 200 余首。

延伸思考
1. 作为金融央企，中国银联是怎样结合自身品牌调性展开公益叙事的？
2. 针对"乡村教育振兴"，除了让山里孩子的物质困境"被看见"，还有什么是能够继续放进品牌的公益想象中的？
3. 中国银联此次的公益行动在城市与大山间建立了怎样的连接？

数字广告案例集 Digital Advertising Case Collection

让女性的自由有处可栖

品牌方：ubras
案例名称：ubras 小粉标
创意执行方：上海群玉山品牌营销咨询有限公司
上海国际广告奖奖项：金奖

好好爱你的身体
身体会更爱你

本案例 TVC

　　以洞察为基础，ubras 关注到社会环境下每一个个体的需求，女性要舒适、要健康、要美、要好情绪、要好睡眠……这在本质上是关注女性与贴身衣物的关系，并挖掘更好的产品解决方案，回应让身体先自由的品牌主张。

——ubras

"2020年，乳腺癌已成为中国女性发病率最高的癌症，虽然Ⅰ期乳腺癌治愈率高达90%，但大部分患者在发现时已经是中晚期，错过了最佳治疗时间。"身体自由是精神自由的物质基础和前提条件，面对"乳腺癌"这一关乎所有女性健康的话题，ubras携手上海群玉山品牌营销咨询有限公司（以下皆简称为"群玉山"），在品牌创办7周年之际，做了一件温暖的小事。他们共同为ubras的文胸产品定制了一款特殊的衣标——小粉标，借此向广大女性普及乳腺自检的方法，力图将知识变为常识，使关爱女性的口号落到实处。

通过《小粉标》，广大受众真切地看到了ubras对消费者具体需求的重视。这一温暖行动的背后蕴含了怎样的理性考量？ubras是如何在公益的道路上坚守长期主义并持续为女性健康发声的？在当前"她经济"❶蓬勃发展的背景下，ubras以"自由"为核心命题，又是如何续写品牌的新篇章，为女性带来更多的关怀与支持的？

一、创意的落脚点：让乳腺自检从知识变为常识

《小粉标》的这则TVC简单有力，在开头，它用一组数据展示了女性群体在面对乳腺癌时的真实困境，但这支TVC并没有制造焦虑，将内容的重心放在了"乳腺科学自检"上。然而，一个好的创意洞察通常是来之不易的，它的诞生需要经历反复的淬炼。在这一套构想落地之前，ubras及群玉山团队也曾站在不同的视角徘徊过。

（一）解决生产与消费之间的错位矛盾

早在2021年，ubras就成立了公益子品牌ubras CARE，致力于为乳腺癌患者及其他乳腺术后群体提供舒适好穿的义乳文胸和乳腺术后内衣。

---

❶ 她经济：这一概念最初由经济学家史清琪女士提出，指的是一种围绕女性消费而形成的特有经济圈和经济现象。

长久以来，主流市场中好像并没有一款专为乳腺癌术后群体打造的文胸产品，很多女性在手术后也不知道该怎样去选择一件适合自己的内衣，于是当她们回归生活时，想穿一件适用于术后的内衣几乎只能靠自己DIY。可见术后内衣的生产与消费之间存在错位矛盾，要解决这一矛盾，让更多有切实需求的患者了解 ubras CARE，为她们提供术后解决方案与温暖服务是一件很重要的事情。

（二）让乳腺自检"走"在前面

但相比于让更多人知道"乳腺术后可以穿 ubras CARE"，ubras 更希望没有人去做乳腺手术。因此，更紧迫的一件事是在源头上照顾到更多的女性群体，提醒她们提前自检、尽早治疗。尽管每个人都可以在网上搜索到十分详尽的乳腺自检步骤，但当一个人处于健康状态时，她也许不会主动考虑这件"麻烦事"，所以比起了解乳腺自检知识，更难的是找到一个进行自检的"完美"场景。如果女生在更换内衣的时间节

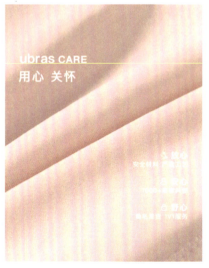

ubras CARE 供图

ubras

让身体先自由

@版权所有视觉（北京）科技有限公司

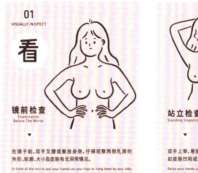

01
VISUALLY INSPECT

看

镜前检查
Examination
Before The Mirror

▼

在镜子前，双手叉腰或垂放身侧，仔细观察两侧乳房的外形、轮廓、大小及皮肤有无异常情况。

In front of the mirror, put your hands on your hips or hang down by your side, carefully observe the shape, contour, size and skin abnormalities of both breasts.

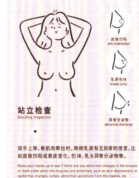

站立检查
Standing Inspection

双手上举，看肌肉牵拉时，两侧乳房有无异常的改变，比如皮肤凹陷或皮度变化、包块、乳头异常分泌物等。

Raise your hands up to see if there are any abnormal changes in the breasts on both sides when the muscles are stretched, such as skin depressions or epidermal changes, lumps, abnormal secretions from the nipples, etc.

皮肤凹陷
skin indentation

乳房包块
breast lump

异常分泌物
abnormal discharge

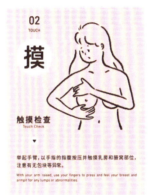

02
TOUCH

摸

触摸检查
Touch Check

▼

举起手臂，以手指的指腹按压并触摸乳房和腋窝部位，注意有无包块等异常。

With your arm raised, use your fingers to press and feel your breast and armpit for any lumps or abnormalities.

触摸方式如下

圆圈式
a.
以乳头为圆心
用画圈方式移动手指。
Circular pattern: move your fingers in a circular pattern with the nipple in the center.

直线式
b.
分为上下
两个方向移动手指。
Straight line pattern: move your fingers in two directions up and down vertically.

楔形式
c.
由外侧向乳头
方向移动手指。
Wedge pattern: move your fingers from the outside towards the nipple.

如您对自检结果有任何的担忧或疑惑，请前往正规医院就诊，并以医生指导建议为准。

If you have any concerns or questions about your breast self-exam, please consult a reputable medical institution and follow the guidance of a qualified healthcare professional. Remember to regularly examine your breasts for any changes and seek medical attention if necessary.

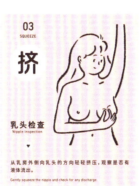

03
SQUEEZE

挤

乳头检查
Nipple Inspection

▼

从乳房外侧向乳头的方向轻轻挤压，观察是否有液体流出。

Gently squeeze the nipple and check for any discharge.

*以上信息仅为健康科普分享，不作其他用途。
The information provided is solely for the purpose of promoting breast health education.

自检不可替代必要的防癌体检，建议一般风险人群年龄在40岁以下女性每月进行1次乳房自检，每年1次临床检查。41岁以上女性每月1次乳房自检，每年1次临床检查，每年1次B超检查，必要时进行乳腺X线检查。

Self-examination cannot replace the necessary cancer prevention screening. It is recommended that people under 40 years old receive BSE one time per month and CBS annual. Women over 41 years old should undergo regular ultrasound exams once a year to prevent breast cancer.

上海群玉山品牌营销咨询有限公司供图

点，手中刚好有一份详尽的自检步骤，那么每个试穿内衣的机会，都能成为一个提醒她们乳腺自检的机会。

从聚焦子品牌ubras CARE到瞄准用户基数更大的ubras全线产品，ubras与群玉山创意团队在反复推敲的过程中让"小粉标"这一更理想的设定落地，也让ubras CARE成为这个更大意义中的一个子集。

二、延续品牌的利她基因，坚守以人为本的价值理念

相信每个广告人都有自己的创意理念和价值坚守，在广告创意的世界中，有无数条路径可以抵达品牌的"效"，而这个"效"的含义具体是什么，其实并没有唯一的答案。

得益于品牌商业向善的理念与群玉山的人本主义精神，《小粉标》让ubras在竞争激烈的市场环境中放大了自身的特色和优势。这则 TVC 中，ubras 没有推出任何一款新的产品，也没有说太多话，它只是回归到生命这个议题中，放大品牌的内容优势以赢得消费者的感动和青睐。因此，这场行动所带来的"效"主要侧重于公益效益，而非触达效率。品牌在传递出讯息后，留在消费者大脑中的并不是具体的产品信息，而是"关注身体健康"的意识。也许，她们在收到包裹后并不会立即拿起小粉标进行乳腺自检，但这一标签的存在就足以唤起每位女性的健康意识，并与女性群体的生活交织出更多的可能性。随着"她经济"的崛起，很多品牌都在对女性说："你要爱自己。"而爱自己的方式有很多种，小粉标对女性的呼吁是：先爱自己的身体。以及，一次具体的"爱自己"，可以从乳腺自检开始。

将《ubras 小粉标》置于公益与商业的关系中看，给每件内衣加上一个新衣标并不会给品牌带来销量的增长，这件小事恰恰能够长期地实践品牌商业向善，用最小的成本去撬动最大的人群，并获得最持久的

ubras 供图

效果。ubras 一直无微不至地关心和照顾着自己的消费群体，作为代理商的群玉山也不断践行着以人为本的理念，在本案中延续和彰显品牌的公益基因。

三、让"美"更自由：见证 ubras 的品牌升级与审美迭代

简单回溯 ubras 的品牌升级历程，可以发现，他们多年来一直保持着思考，一次又一次地回应着消费者的具体需求。

2018 年，ubras 开创内衣行业新品类"无尺码"，改变了许多女性的穿衣习惯，让女性内衣抛开了钢圈的束缚，也让挑选内衣成为一件更简单的事；

2020 年，ubras 开创保暖新品类"肌底衣"，让美和温度得到更好的兼顾；

2021 年，ubras 的第一代软支撑内衣上线，在没有钢圈保证舒适的同时，兼顾女性的承托需求；

2021 年，ubras 为乳腺癌术后女性建立首条正式产品线"ubras CARE"，用真实行动提升社会对乳腺癌公众议题的关注；

ubras 供图

　　2023 年，ubras 完成第一次全面品牌升级，正式提出"让身体先自由"的品牌主张，并通过相应的品牌传播行动引发更多女性的共鸣……

　　从 2016 年至今，消费者可以从品牌的升级历程中感受到其产品概念的更迭和品牌内涵的延展，ubras 走过的每一步都为品牌发展打下了坚实的基础。2024 年 3 月，在 ubras 创办 8 周年之际，品牌最新主题 TVC《春日蕾丝》见证了品牌在审美上的迭代与焕新。在这个早春，它用自然中的元素"树影"重建大众对于"蕾丝"的联想，鼓励女性看到自己的身体之美。同样都是基于"让身体先自由"这个主张，相比于《小粉标》，《春日蕾丝》的表达方式更偏向于产品广告，借一款产品重新讨论性感、美和自由之间的关系。如果说"无尺码"内衣代表的是一种基于舒适的简洁审美，那么"春日蕾丝"系列产品展现的则是更纯

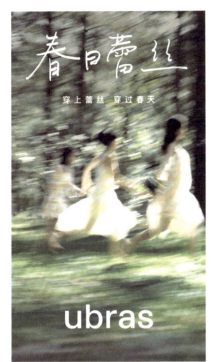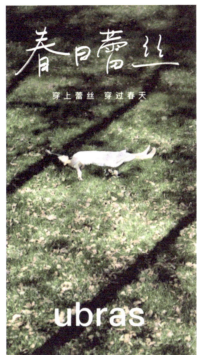

ubras 官方微信公众号供图

粹的女性之美。

在"无尺码"内衣推出的 6 年时间里,市场已对这一"大单品"有了很高的认可度,所以,在不改变舒适与健康这一核心理念的前提下,品牌需要刷新消费者的认知,展现出品牌的另一种"美",并重新编码,续写自由的新篇章。"春日蕾丝"是一款专门放在春日语境下的产品,它让大家看见:性感与舒适从来都是不相悖的。

四、为女性的现实困境提供理性的解决方案

"她经济"这一概念最初由经济学家史清琪女士提出，指的是一种围绕女性消费而形成的特有经济圈和经济现象。目前，"她经济"已撑起国内消费的半边天，当前女性主义广告大量涌现，它们鼓励女性打破束缚，勇敢选择自己期望的生活方式，努力实现自我价值。"她经济"虽然展现出无限的前景和可能，但在相关的广告及营销活动中仍存在着诸如性别歧视、消费炒作等误区。"她经济"不只是"读懂商机"、赚女性的钱那么简单，更重要的是做到对女性的尊重和理解、重视女性真正的需求。

当今，品牌在针对女性议题做文章时已从过去所关注的外表价值过渡到多元女性价值观上，鼓励女性追求自我，但不少广告将女性主义理念包装成观念符号，将女性主义、产品以及消费欲望相联系，促使女性去购买各种"观念"。而部分广告对于女性消费者的情绪渲染明显大于对女性问题的关注，它们利用女性的身份标签，将女性主义包装进了消费意识形态。但女性需要的并不是昂贵的、华而不实的身份标签，更无须借助这些标签来取悦外部世界，针对女性群体的现实困境，她们需要的是被看见，是一套科学、理性的问题解决方案。

多年来，ubras 用一件又一件具体的小事来践行品牌价值理念，并不断承担起自己的社会责任。基于此，ubras 在进行品牌升级时，群玉山为其引入了"让身体先自由"的概念，这一概念蕴藏着扎实而深刻的洞察。一方面，"自由"二字统领了品牌的精神价值，另一方面，这里的"自由"并不是虚无的，而是有所指的。自由二字是熠熠生辉的，但生活中有很多不同维度的自由，作为内衣这个品类，它真正能做到的是先照顾好身体上的自由，这也是它能够为所有女性提供的最实在的价值。

在未来，品牌和"女性营销"之间势必会产生出更多奇妙的化学反应。但不论是从什么样的角度切入，对于品牌来说，本质上还是需要继

续深挖女性消费者作为"人"本身处于这个社会中更深层次的需求，用更平和、更理性的方式与女性群体展开对话。

结语

真正的公益精神源于人内心的善，它驱动着人们去关注并解决那些被忽视的问题。很多时候，一些看似微不足道却持之以恒的小善举，更能深入人心，产生深远的影响。作为一个利她的内衣品牌，ubras 在关爱女性这件事情上持续深耕，用具体的行动作答，积极回应女性身体的每一个真实需求。在"小粉标"这场品牌对话中，ubras 再一次贴近广大女性，看见那些在日常交谈中常常被规避的女性身体困境，并为她们提供触手可及的便利。附着在内衣上的小粉标上有着详细而全面的乳腺自检步骤，这让每个试穿内衣的时刻都能够提醒女性关爱自己的身体。正因为小粉标很"小"，很"轻"，女性在接住这份爱时也会是轻盈与自由的。

如今，越来越多的女性开始思考"爱自己"，可是，爱自己具体应该怎么做？ubras 小粉标对女性的呼吁是：先爱自己的身体。这一呼吁也正是在为"让身体先自由"的品牌宣言做注解。

参考文献

[1] 张宏羽：《"她经济"中的误区》，《检察风云》，2022 年第 16 期

[2] 王晶晶，常欢，周朝霞：《浅谈女性赋权广告》，《国际公关》，2023 年第 10 期

延伸思考

1."小粉标"帮助女性群体解决了怎样的现实困境？它有着怎样的社会价值？

2.ubras 是如何在公益的道路上坚守长期主义，持续为女性健康发声的？

3. 经历品牌升级后，ubras 是怎样将"自由"这个概念落到实处的？

补充材料

1. 品牌名称解读

ubras 寓意：u 你的，bra 贴身之物，s 无限的可能；中文名由彼，寓意"由此及彼，由彼及里"；在 2022 年，品牌 6 周年之际，Ubras 的 logo 变为现在的 ubras，过去的 U 强调的是"你"，从 U 变为 u，则更强调"us"，从"你"到"我们"，是对品牌和用户关系的重新定义：ubras 希望联结更多女性，激发更多可能，希望"我们"在一起，从"一个人的勇敢"进化为"一群人的力量"。

2. 数据来源

根据 WHO 下属 IARC 发布的最新数据，估计 2022 年全球乳腺癌发病例数约为 230 万，并以 67 万死亡例数成为全球第四大癌症杀手，但绝大部分患者在发现病情时已步入中晚期。

3. ubras 过往的品牌对话

①让身体先自由

2023 年 2 月，ubras 提出"让身体先自由"的品牌主张。 让女性的"自由"不再是泛泛而谈，而是遵从身体本能的呼唤，把女性的每一种自由，具象为一种真切的体感，用最真诚的答案回应每一位女性对舒适、自由的追寻。

②致我们

2022 年 5 月，ubras 品牌成立 6 周年之际，拍摄短片《致我们》，讲述了母女、闺蜜、队友三组女性之间相互理解、相互支撑、相互陪伴的故事，记录了女性之间的情感联结，也印证了 ubras 品牌 6 年间的思考与成长。

③新舒适关系

2021 年 9 月，拍摄短片《新舒适关系》，从年轻人常见的几种关系中寻找舒适的答案，并举办"新舒适关系"线下快闪，从视听、触觉等多重感官引领用户进入一场舒适关系的探寻之旅。

④我的舒适没有圈

2019 年 2—3 月，ubras 在上海、北京、广州等多个地铁站投放了一组"我的舒适没有圈"创意主题广告，通过征集素人女孩"无圈女孩的故事"，表达了品牌对于舒适的理解。

发掘技术之"善"，
释放小微商家的创意能量

品牌方： 巨量引擎
案例名称： 0 分贝直播间
创意执行方： MT 蒙彤传播
上海国际广告奖奖项： 全场大奖

MT蒙彤传播 供图

　　我们想聚焦的不是听障人士先天的缺陷和后天的困境，而是他们的才华和生命力，以及那些能够让他们再就业的机会。

——MT蒙彤传播

　　人与技术的关系问题是当今这个时代的重要命题，在微观上，技术的正向价值带给人们更加便捷、高效、轻松的日常生活，在宏观上，技术的更迭与进步则引领着人们走向一个更加充满可能性的未来。2022年初，巨量引擎与 MT 蒙彤传播合作，发挥技术之善，为听障商户专门打造了一个"0 分贝直播间"。不能自我发声的听障人士与直播音画兼具的传播特质看似相悖，实则精准突出了技术之善带给每个小微个体的帮助。这场 3 小时的直播展示了聋人朋友的热情和才华，更珍藏着他们朴素的理想和心声，摘掉"听障"这一特殊的标签，他们是舞蹈家、主持人、律师、咖啡师、花艺师……他们更是独立自信的普通人，在直播电商这条赛道上拼出了新的机遇和新的可能。《0 分贝直播间》总项目获得了 8000 万曝光，直播总观看人数超过 100 万，点赞次数 53.2 万，在这之后，抖音平台的聋人主播数更是增长了 35%。巨量引擎在海量客户中聚焦听障人士，并将他们与广大中小商家相连接——正是这场直播让社会各界看到了技术之善、感受到了小微个体的能量。

　　《0 分贝直播间》是如何让电商直播这件事焕发出另一种活力的？现今，直播这件事对于广大普通商户和中小企业来说意味着什么？这场直播结束后，这当中"善"的内核该如何延续下去？数字技术又是如何赋能中小企业转型的？或许，读者能在"0 分贝直播间"中找到答案。

一、以"善"为内容——直播的另一种打开方式

　　直播，正在逐渐演化为当今社会的基础媒介，它是指通过互联网对事件进行实时的音频和视频传输的过程，直播电商则是通过直播的方式实现电子商务活动和交易的过程，直播间对"人—货—场"的重构和设计，能够充分营造出沉浸式体验，利用直播作为渠道来进行营销，能够为用户提供更加丰富、直观、实时、可互动的购物体验。2023 年，中国的直播行业非常活跃，相关企业的注册量为 81.08 万家，同比增长

数字广告案例精选 Digital Advertising Case Collection

91.97%，此增长率达到了创纪录的水平，显示出了直播行业在这一年中强劲的增长势头。2023 年 1—10 月，全国直播电商销售额达 2.2 万亿元。直播电商庞大的市场规模与急剧的增长速度，既是企业纷纷投身直播电商的宏观结果，也是企业对直播电商日益重视的重要原因。

直播电商作为一种新的零售渠道，已被证明能够借助主播的粉丝效应在短期内实现销售额的增长。然而，对于各品牌来说，直播电商能否将主播的粉丝转化为企业的忠诚消费者、为企业带来长期的收益——这仍是一个未知数。从品牌思维来看，直播带货是一种较为短效的营销方式，主播们用自己的"十八般武艺"将商品卖出去，把充满欢乐的大卖场搬到线上。这个过程能够达到品牌发展起始阶段的"卖货"目标，在大多数直播间中，无论是邀请明星还是网红来坐镇，在热闹的一两个

2021 年 6 月 –2023 年 6 月直播电商用户规模及其占网络购物用户规模的比例

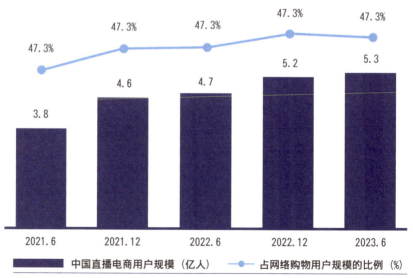

©2024.2 iResearch Inc.   www.iresearch.com.cn

2021.6—2023.6 电商直播用户规模（数据来源：CNNIC）

MT 蒙彤传播 供图

小时中，"好货"与"好主播"虽能够促成与新顾客之间的一次性交易，但是当直播结束，品牌很难与消费者建立真正的内在连接，"货好"这一优势在我国极为发达的制造业环境中是很容易被替代的，而"记住这是谁家的货"这件事更能让消费者在一众物美价廉的产品中找到一个关乎自身喜好和情感价值的坐标点。所以，在传统的认知当中，直播这个路径与打造品牌这件事是有些相悖的。

但做直播一定和做品牌的长线思维相悖吗？——其实《0 分贝直播间》已经用"商业向善"这一新的打开方式提供了一个不同视角的答案。在"0 分贝直播间"当中，比起看得见"摸"得着的产品，消费者更多地被经营者自己的经历和故事所吸引。没有快节奏的"上链接"，也没有对商品天花乱坠的推销，"0 分贝直播间"将舞台和话筒交给听障人士，归还他们在一场小生意中作为经营者的主体性地位，给予他们一个热闹但不喧嚣的专属卖场。在这里，听障花艺师一边讲述着自己从业的经历一边利落地包好一束花，听障咖啡师熟练地给直播间里的朋友介绍着不同咖啡豆的风味与特点……通过他们热情的肢体语言和笑容，观众可以真真切切了解到产品背后的人和故事，看到更多了不起的小生意——这样的真实场景和其中的社会价值便可以构成一场直播中最优质的内容。

直播间帮助品牌促销和卖货其实是天经地义的事情，但直播间也可以服务于品牌的意志和目标，在适应电商环境的前提下，使优质内容最大化地呈现在直播间当中。在"0分贝直播间"，"善"就是它最不可或缺的内容，而这份"善"不单代表着来自外界对听障人士的给予，更代表着一种"授之以渔"式的鼓励和认同，它也将辅以技术的支持，成为一种生生不息的力量，持续地为不同直播间带来新的活力。

二、在"反差"的制造中建立大众认知

"在巨量引擎的海量客户中，他们挖掘出一群极具代表性又十分特别的用户——听障人士，他们当中有福利型企业的员工、本地商家、上央视的达人。他们共同的特点，是不用怜悯博关注，而是以十分积极的面貌和对巨量产品十分专业的运用，在抖音平台实现自己的商业目标和人生理想。"

不能自我发声的听障人士与直播音画兼具的传播特质看似不搭，实则充满了戏剧张力，能够精准地传达"科技向善"的客户理念。

在选择案例的过程中，创意执行方曾接触到众多平凡个体的故事，也曾在不同的群体间摇摆过，他们不断地将自己从创意人的身份当中抽离出来，代入到用户的视角中去思考：作为普通的个体，自己能否从中获得共鸣？当这个案例放到人群当中，能否获得足够的回响？——在这样的追问下，他们找到了以张天娇（天娇舞蹈工作室创始人）为代表的听障群体。在中国，听障群体的数量超过2700万人，但大多数人对他们的认知只停留在他们的生理障碍上，却对他们的才华一无所知。直播间是一个可以带货、展示才艺的地方，

本案例 TVC

为我国 2700 万听障人士的才华和他们希望被世界"听到"的声音提供了一个舞台。

创意团队从听障朋友的身上看到了普通人的强大生命力，他们被这样的生命活力鼓舞，再顺其自然地从中看到了这件事情的公益属性——本案的思路由此清晰，创意也就这样诞生了。在《0 分贝直播间》诞生之前，大众很难将"0 分贝"和"直播间"这对看起来有些冲突的词搭配在一起，这便是它给人们带来的第一层反差感，随后，当人们进入直播间，不管是"听人"观众还是"聋人"观众都会被这些无声主播的才华和精神面貌所震撼，这便带来了第二层惊喜。

数字场景听起来也许是虚无缥缈的，流量变现这件事也时常令人难以捉摸，在很多用户对巨量引擎的产品缺乏一定感知的时候，通过讲述聋人商户的生意故事，自然地插播进"巨量引擎小课堂"，因此，用户沉浸在直播间的同时，还可以学习到更多的数字营销知识，从而改变大众对于数字产品的陌生感，建立大众对巨量引擎的认知。

三、借数字技术释放小微商家的创意能量

人工智能技术正在改变各行业的生产方式，以广告业为例，许多业界人士在担忧，AI 在帮助大家解决很多问题的同时是否会取代内容创作者？但其实，广告业是一个最需要人去感同身受的行业，是一门关乎"沟通"的艺术，只有通过真情实感的深度交流，站在需求方的角度将产品的功能和价值"翻译"到位，才能够在品牌和消费者之间构建起真正饱含情意的连接，这是 AI 无法胜任的。创意人完全可以大胆拥抱这个人工智能时代，去认识新的创意方式、适应更新潮的创意软件、了解最智能的广告投放的技术。正如巨量引擎一直认同的——"将人的经验复用到机器，而把人自己的创造力释放出来，去做素材去做经营，去创造更多价值"。

抖音平台中 90% 以上的企业都是小微企业，对于这当中的大多数的商家来说，营销其实是一件有门槛的事情，依照传统的方式：从制造话题到策划活动再到等待传播反馈，这个链路太长了。这时候，场景级的自动化数字营销工具可以帮助他们找到创意和营销的抓手，普通商家只要提供几张图片、几个素材，就能生成一个可以带货的短视频、一个可以带货的脚本，通过数据的测算，数字化产品便能告诉商家什么样的关键词能够吸引流量，从而精准匹配到目标用户。在背后支撑这些工具的不只是数字化的缜密逻辑，更是巨量引擎站在消费者的视角进行的细致入微的洞察，在深入了解到中小商家的营销痛点后，为他们提供中小自助方案，帮助他们找到适合自己的生意经营之路。

《0 分贝直播间》的创意价值不在于它运行模式的可复制性，而在于它依托数字营销产品为直播间带来的更多可能性，它用实例证明：直播间可以是喧闹的，也可以是慢节奏，同样可以是安静无声的，任何工具和平台的性质都可以由使用它的人决定，数字技术给了每个个体

更多机会去发挥自己的才能，所以，任何有想法的人都可以利用直播间为自己量身定制全新的玩法，这个直播间可以被冠上各种各样的名字，每个人都可以在这个充满无限可能的天地讲述属于自己的故事。0分贝直播间的出现，让中小微商户乃至不同品牌看见，直播并不一定和"短效""浮躁"等词语划等号，就像聋人群体并不一定和"封闭""孤僻""不善表达"等词语划等号，在数字时代，直播代表了一种生活的方式、一种做生意的方式，在数字技术的加持下，直播间以极高的包容度容纳下每个微小个体的创意和想法，也满足着大众群体的普遍需求和小众群体的长尾需求。

四、回归商业向善的最终母题——利他才是最好的利己

回到巨量引擎的母题——商业向善。对于一个企业来说，商业向善从来都不是来自外部的规制，而是一种将商业优势应用到社会发展的内生动能，商业向善也不是指传统意义上的一次性公益，而是侧重于与企业核心业务相连，发掘其中的社会价值，从而让企业通过创造社会价值，更好地实现商业价值，真正做到可持续发展。

除了0分贝直播间，巨量引擎还推出过"了不起的小生意"等项目，但"向善"绝不只是单单体现在这些带有公益属性的广告中，这一认知早已内化到巨量引擎的产品概念和服务模式当中了。从平台的性质出发：巨量引擎的主线任务是帮助中小商家成长，而如何达成这一目标就需要很多的考量。由于抖音平台中的商家分布在不同的地区，经营着不同体量的生意，所以，平台本身并没有要固定针对某一个特定的群体进行产品推广，当面对多元化的个体，巨量引擎选择凭借品牌自身能量的发散和商业化的能力去激发各行各业各体量商家的发展；从数字营销的服务能力出发，巨量引擎真正带来的帮助不是简单地给商家增

团队名单

VP 韩晓华、BUD 严枫、ACCOUNT 周怡璇、姜宝涵、ART 肖雨晴、陈逸、COPY 周阳

MT 蒙彤传播供图

加曝光量或是给予经济和资源上的支持，而是提供自动化、极简化的工具，帮助商家在竞争激烈的营销环境中降低营销运营成本，缩短营销的链路。

《0分贝直播间》的创意原点根植于社会现状。创意团队以社会为画布，以社会问题为出发点，以社会洞察为基础，将一则商业广告拓展为一场社会行动，连接起社会、人群和品牌。它关注聋人群体，但又不仅仅是一场专门面向聋人朋友的直播，它相信微小个体的能量可以被辐射到更广泛的人群当中，直播间里，一条"相信女儿长大了也能像女主持那样自信地表达"的留言正说明了0分贝直播间和这群无声的主播们，正在一点一点传递着改变这个世界的力量。公益营销可持续的关键点在于，"善"的接力棒是否能够一直被传递下去，在《0分贝直播间》这个"社会大创意"中，"善"的接力棒是被握在每一个平凡个体手中的，"授人以鱼不如授人以渔"——用真实的力量点燃另一份善意，让每一个平凡但蓬勃的个体相互连接。

补充材料
系列作品：巨量引擎《了不起的小生意》
2023这一年，涌现出数百万小生意者们，巨量引擎见证了他们蓬勃的生意，在阳光下、在歌声里、在直播间、在天地间。1月25日，我们将邀请这些小商家登台演讲，分享"镜头背后"那一股子韧劲。他们是：
@ 褚马奶奶："才91岁，我想把褚橙庄园在抖音干出一个新产品。"
@ 村姑阿香："我想让贵州200个寨子里的好物，在侗族大歌里传出去。"
@ 牛王庙老味道面馆："小面馆开在歪拐里头，面出不去，但香味可以嘛！"
@ 臭皮匠郭哥："在河北农村，我也能把澳洲进口的羊毛，卖遍南北。"
他们，更是万千商家中，每一个韧性奔跑的小生意者！
《2024 了不起的小生意》年度演讲宣传片，献给大风吹不倒的万千中国商家
（文案来自"巨量引擎营销观察"官方视频号）

延伸思考
1. 数字技术为"0分贝直播间"注入了怎样的创意动能？
2. 公益属于社会责任，营销则是一种商业手段，以《0分贝直播间》为例，"公益"和"营销"之间的平衡点在哪？

感同身受，焕新老龄公益

广告主：深圳市老龄事业发展基金会
案例名称："带薪拉屎"的沉思者（适老化改造项目）
创意执行方：广东省广告集团股份有限公司
上海国际广告奖奖项：金奖

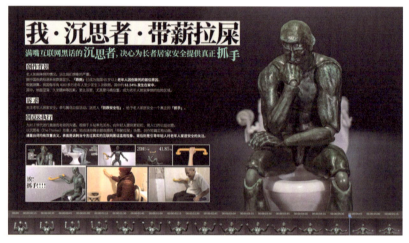

案例概述图

　　如何能让年轻人的日常生活与老人相链接，感同身受地理解到老人如厕的不易，是本次传播面临的挑战。老年人的生活和体验距离当下年轻人很远，但"蹲久了会麻"一定是老少共享的体验，以这一痛点作为桥梁，能够让年轻人感同身受地理解到老人生活中的困境。

——广东省广告集团股份有限公司

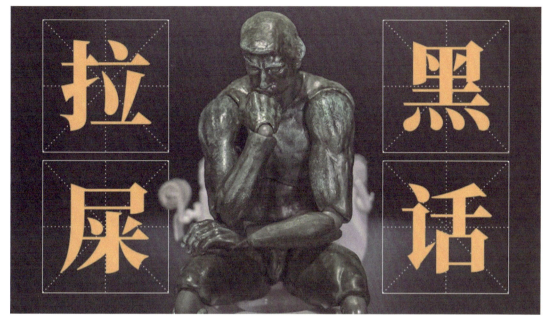

"沉思者"本案例 TVC

　　公益项目涉及的主体通常是人，因此，温情与感人至深的元素自然而然地构成了公益广告的情感脉络与创意精髓。由广东省广告集团股份有限公司（以下皆简称为"省广集团"）制作的公益宣传片《"带薪拉屎"的沉思者》则另辟蹊径，用荒诞、反讽的方式引导年轻一代关注适老化公益项目。这支影片的第一视角是所有人都熟知的那位"沉思者"（The Thinker）。当一贯严肃、沉默不语的沉思者被赋予"打工人"的灵魂，并以其招牌姿势蹲在马桶上"说"出那些流行于当今职场的牢骚与黑话时，相信每个年轻人都会感到共鸣。年轻人在工作中遭遇瓶颈时需要思想的抓手，而老年人在日常起居中需要的则是一个物理意义上的抓手。面对适老化家居改造这个课题，省广集团为何从"带薪拉屎"切入？如何让更多人真正看见老年困境？在未来，针对老龄公益事业乃至银发经济●，可以有怎样的新解法？

一、看见老龄化现状，明晰公益广告发展之路

根据国家统计局的数据，截至 2023 年底，我国 60 岁及以上的人口已达到 29697 万，这一数字占全国人口的 21.1%。这意味着我国拥有超大规模的老龄人口，是世界上老年人口最多的国家之一。如此庞大的老年人口群体，对老龄事业的发展带来了巨大的挑战，这一挑战不仅涉及养老服务、医疗保障、社会保障体系等方面，还深入到了老年人的日常生活中。对于老年人居家生活中可能遇到的难处，如走路怕摔跤、洗澡怕滑倒、如厕蹲起困难等，需要社会各界共同努力，为他们提供更为人性化、细致化的服务。同时，随着市场需求的上升，老年人的居家系统需要得到进一步完善，他们需要更高效、适宜的问题解法方案。单从老年人的生活起居困境看，老人如厕摔倒的情况，远比我们想象的严重。据中国疾病检测系统数据，"跌倒"已成为我国 65 岁以上老年人因伤致死的首位原因。根据测算，我国每年有 4000 多万老年人至少发生 1 次跌倒，其中约 61.54% 发生在家中。其中，地面湿滑、久坐腿麻等因素，更让浴室，尤其是马桶位置，成为老年人居家摔倒的危险区域。

如今，针对老龄困境，众多企业都在陆陆续续承担起社会责任，将

● 银发经济：是向老年人提供产品或服务，以及为老龄阶段做准备等一系列经济活动的总和，涉及面广、产业链长、业态多元、潜力巨大。本位产业包括：养老设施和机构、老年房地产、老年护理服务业、老年服饰、老年食品、老年医疗等；相关产业包括：养老设施和机构供应链上的专业家具、专业设施、专业易耗品等；老年护理服务业供应链上的护理人员的培训、劳务派遣、老年护理专业用品、治疗和康复器械等；来自老年人深层需求的娱乐、学习、旅游、医疗保健、营养保健、心理咨询等；衍生产业包括：老年储蓄投资理财产品、老年地产的倒按揭等金融产品，寿险产品的证券化产权产品、长期护理保险产品、老年融资等资本市场。本位产业、相关产业、衍生产业之间相互补充，可以形成经济和社会效益的良性循环，共同促进银发产业的健康发展。

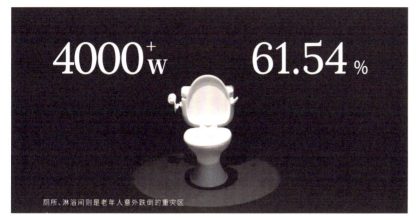

本案例 TVC

目光投向长期有效的公益项目当中,但公益广告和公益信息的传播受到社会环境和文化背景的影响,不同地区、不同文化背景下的公众对公益信息的接受程度和反应可能存在差异,这增加了公益广告传播的复杂性和难度。同时,就公益信息传播本身来看,公益项目的创意与内容、目标群体的覆盖程度、传播渠道的使用、媒介投放的力度等方面都应该值得被继续探索,找到更符合时代特色的道路。

首先,公益广告的创意和内容设计需要具备吸引力、感染力和说服力,以便能够有效地引起公众的共鸣和关注,保证创意新鲜度的同时,也要避免过度娱乐化,在创新与责任这两者中找到一个合适的平衡点;其次,公益广告的传播需要覆盖广泛的目标群体,包括不同年龄、性别、地域、文化背景的人群。然而,由于传播渠道和资源的限制,传播力度的不平衡很容易导致部分群体缺乏对公益信息的了解;最后,公益信息传播的媒介平台特性也会对传播的效果产生影响,每个平台的内容特性和用户偏好都有所不同,所以即使介绍的是同一个公益故事,"讲述者"也应针对不同的平台对内容进行加工和"翻译",生成

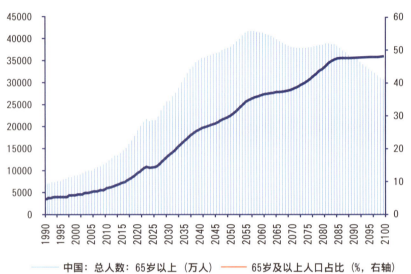

中国老龄化持续加深趋势

中国：总人数：65岁以上（万人）—— 65岁及以上人口占比（%，右轴）

资料来源：国家统计局，泽平宏观

与这一平台相适配的原生内容。

　　从老龄化结构来看，我国的老龄化趋势在未来几十年内将保持稳定。根据预测，到2035—2050年，我国60岁及以上老年人口将进入缓速增长区间，但规模仍将保持在较高水平。到2100年，虽然老年人口数量将有所减少，但相对于总人口的比例仍将保持在较高水平。这种超稳定的老龄化结构意味着我国将长期面临人口老龄化的挑战。因此，基于这一时代背景，不论是老龄公益事业还是与之相对应的银发经济，都应在保持"关爱老人"这一内核的基础上持续深耕、坚持创新，助推养老事业以走在时代前列的形态融入每个人的日常生活中。

二、增加互动的切面，用年轻的方式展示老年困境

　　由于环境对人的影响，老年人或许早已习惯于"不适老"，对于家

居改造缺乏主动性，但对于年轻人来说，他们对新鲜事物充满了热情和兴趣，有"老吾老以及人之老"的共情能力、有公益项目的捐款能力和经验、有支持项目的热情，因此，《"带薪拉屎"的沉思者》这部影片瞄准的无疑是年轻人们。省广集团希望尝试在 B 站进行内容创作，那么针对目标人群画像，影片节奏明快和有"梗"是必备的要素，绝不能枯燥沉闷。"马桶扶手"是"家居适老化改造"中一个比较重要而典型的改造场景，而"带薪拉屎到脚麻"是一个好玩又富有洞察的创意点，它顺理成章地成为后期项目执行的创意灵感。

借"沉思者"之口进行一场酣畅淋漓的吐槽和讽刺，用"带薪拉屎"和"久蹲腿麻"创设年轻职场人"秒懂"的尴尬场景，这个吸睛的创意内容正符合 B 站用户对于平台内容风格的一贯预期。而当画风一转，"沉思者"严肃认真地介绍老年人所需的"抓手"时，年轻人则可以通过影片中具体的场景了解到老一辈日常生活中的窘境和难处。在不同的生命节点，人们所面临的困境都是阶段性的产物。对于年轻人来说，如果不加任何中介性的语言，直接将老年困境推到他们的生活中，他们永远都只会是一个旁观者，很难与这一群体相连接，因此，驱动年轻人去关注公益事业的不能仅仅是外在的力量与动力，还需要内在的生命体验。

除了感受和生活体验上的共鸣，在媒介的选择上，B 站这一平台本身的特性也让《"带薪拉屎"的沉思者》充满互动的趣味，尤其是视频上空"飘"过的弹幕。弹幕内容发送具有很强的即时性，用户在发送后很快便可以在屏幕上显示，再者，弹幕弹窗浮于画面之上，占据画面约 1/4 到 1/3 的位置，基本不影响观者对视频内容的收看，因此用户对内容的接收与评论可以同时进行。由于弹幕文字中不会出现个人身份信息，用户在发表言论时是无所顾忌的。借助弹幕，年轻用户可以基于实时的内容互动聊天或分享自己的经历，这种互动形式可以增强观众的参与感和归属感。对于创意团队来说，像弹幕这种可以提供一套互动和反馈机制的媒介是数字化时代独有的特色，基于弹幕的互动和交流，广告影片中的每一句文案、每一个精心设计的场景、每一个画面都有机会关联起用户的感受。当观者为具体的一帧画面停留，并用弹幕表达即刻的感触时，这样的互动能够帮助创意团队更立体地了解到目标受众的想法和体验，也让衡量作品价值的维度变得更加多元。

"与其被点赞、转发、评论、播放、曝光等等硬邦邦的数据限制创意发挥；倒不如认真看看如今数字化带来的价值，即时的评论可以及时回复，瞬发的弹幕可以看见哪个画面真正激发了网友的兴趣，这是曾经所有广告时代都未曾有过的和受众更亲密沟通的机会。"

三、一场独幕剧，颠覆传统公益调性

要提升公益项目的创意度，创作者可以从众多面向切入。常见的方式包括对公益的筹款机制、传播方式、互动体验模式、宣传风格进行创意再造。适宜的创意加工能够让那些传统的公益项目焕发出新的活力，并赋予公益事业多元意义。在《"带薪拉屎"的沉思者》这支公益影片中，创意团队所使用的镜头语言和剪辑风格给观者的视觉感官带来了强烈的冲击，这也为该影片的创意度提供了一个突破口，令它从整体的风格上给人们留下深刻的印象。

在短片中，不论是沉思者的独白、画面的光影还是整体的剪辑都十分具有戏剧效果，这样的风格呈现背后蕴含着创意团队在视觉、剪辑、文案各方面的巧思。两分钟的篇幅内，省广集团的创意团队运用了蒙太奇的剪辑，好莱坞英雄主义式的打光，为沉思者的独白营造更强烈的戏剧效果，其创新的表现手法一反传统公益短片温情催泪的煽情套路，让公益不再高高在上，更适合年轻人参与互动。在文案创作上，通篇台词均有双重含义，如"腰部和底部系统的耦合被切断，底部系统失去驱动力"（脚麻了）、"我尝试以固有体系为支撑，撬动整体战略布局"

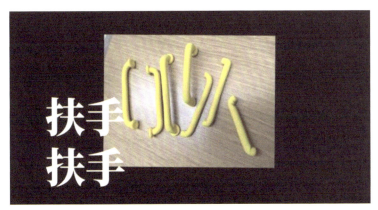

TVC 拍摄花絮 广东省广告集团股份有限公司供图

（撑不起来）等等熟悉又迷惑的表达，表面是讽刺当今言过其实的互联网黑话滥用现象，背后则是引导年轻人关注老年人居家安全问题。

相信很多人会好奇，这一"荒诞派"公益影视作品背后有着怎样的鬼才团队？他们是怎么碰撞出这一创意火花的？其实，仔细了解就会发现，在制作这支视频的省广创意团队中，有很多从小看 TVB 和周星驰电影长大的广东人，创意人在成长过程中所吸收的艺术养分和生活养分会悄然地影响其审美的方式以及看待问题的角度，并充分地体现在其后天的创作中。通过了解本案例的创意初心、创意构想以及 TVC 的拍摄过程，相信广大受众能够看到这一片创意土壤中所独有的风景。

"老年人的生活和体验距离当下年轻人很远，但'拉屎'一定是人类共同的话题，而'带薪拉屎'则是 95 后白领＋互联网原住民的老牌嗨点。我们从公益项目的传播平台——B 站及其受众特点出发，以'带薪拉屎'为视频切入点，从一个互联网大厂经理满嘴公关黑话的表达中，呈现出一部滑稽的'带薪拉屎'独幕剧。"

四、老龄困境：一个全社会共同面临的挑战

回到创意的原点——引导年轻人关注老年困境，《"带薪拉屎"的沉思者》这一公益 TVC 在 B 站的发布，无疑为老龄困境的传播注入了新的活力，更为年轻人与老年人之间搭建了一座沟通的桥梁。这一创意打破了人们对传统公益项目的刻板印象，以年轻人喜闻乐见的方式引导他们关注老龄事业。相信，通过将文案语义捆绑互联网黑话段子，所有看过这支视频的人在每一次飙黑话时，都会不自觉地想起适老化改造项目，想起身边那些像自己一样需要一个"抓手"的老人们。当趣味化的内容搭载年轻化的渠道，年轻一代对老年一代则会有更多的"惺惺相惜"。

此外，视频的成功还体现在其产生的实际效果上。随着视频播放量的持续增长和捐款数额的增加，越来越多的年轻人开始参与到这个公益

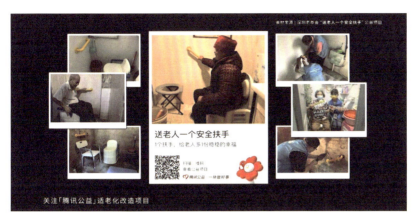

本案例 TVC

行动中。他们通过捐款、转发、评论等方式，表达了对老年问题的关切和支持。这种广泛的参与和互动，不仅增强了年轻人对公益事业的认同感和归属感，也为老年问题的解决提供了更多的可能性和希望。每个人都会变老，老年人的困境就是所有人的困境。在无限接近那个较为稳定的老龄化社会时，如果老龄事业可以以一种更年轻的方式去连接着未来，那么这个未来将是充满希望的。

参考文献
[1]《国务院办公厅关于发展银发经济增进老年人福祉的意见》，《国务院公报》2024 年第 3 号

延伸思考
1. 本案例从哪几个方面对传统公益的叙事模式进行了创新？它在助推老龄困境的传播上有着怎样的优势？
2. 在未来，传统的公益议题可以有哪些年轻化的表达方式，与年轻人进行更多的联动？
3. 如何看待案例本身的曝光度和公益实效之间的关系？

在翻页间，
重新看见公益捐助的价值

品牌方：微信支付
案例名称：把书翻烂，把梦翻新
创意执行方：走神 OGK
上海国际广告奖奖项：金奖

本案例 TVC

　　作为一个公益项目，能否让捐助者看到自己真正为孩子们带来的"价值"，很大程度影响着他们接下来继续捐助的热情。比起未来、命运、希望这些"将来式"，那些已经发生的"过去式"，更能生动直观地体现捐助的价值。

——走神 OGK

走神 OGK 供图

公益广告承载着传递社会价值、唤醒公众意识、激发群体力量的三重使命，它是信息传播的载体，更是情感沟通的桥梁。在这个信息爆炸的时代，如何将一则公益广告做出新意，是公益组织和广告创作者共同面对的挑战。《把书翻烂，把梦翻新》是微信支付和创意代理商在"99公益日"打造的整合营销公益项目，从创意视角看，团队用"烂书"这一有趣而大胆的双关，指代那些被乡村儿童喜爱并在物理意义上被翻烂的好书，让大家看见乡村儿童对知识的渴望以及对广阔世界的憧憬。项目意在用"共情"代替"怜悯"，这一深刻的社会洞察成功地点燃公众心中公益的火花。在公益宣传策略上，本案例突破了传统公益广告的框架，利用微信支付的数字化手段和微信社交媒体平台，实现了与公众的深度互动，激发他们的参与热情。

如何才能将"捐书"这个公益项目做出新意和深度？如何才能让更多人真正地参与到捐书项目中？微信支付在与公益项目结合的过程中

发挥了怎样的平台优势？也许《把书翻烂，把梦翻新》这一案例可以给出答案。

一、重新定义公益捐助的价值

捐书一直是一个常见的公益形式，也是很多品牌和机构会参与的公益类别。"知识星光"是微信支付与腾讯公益慈善基金会共同发起的公益计划，旨在为乡村小学的孩子们提供丰富的课外读物，帮助他们扩展视野、培养兴趣、打开想象力。在本案执行期间，微信支付的"知识星光"捐书活动已经走到了第三个年头。回顾项目的发展历程，"知识星光"经历了从无到有、从小到大的发展过程。起初，微信支付前往乡村调研，通过公益机构与当地教育局合作。随着项目的推进，越来越多的社会力量加入其中，图书捐赠的种类和数量也在不断增加，受益的学校和学生范围也在日益扩大。"知识星光"公益项目自启动以来，已成功捐赠 80 余万本图书，其影响力遍及多个地区。

一般以"捐书"为核心的公益项目，其理念通常是"读书改变命运"，但随着时间的推移，公众已经逐渐对这一理念"审美疲劳"。为了重新点燃公众的捐助热情，走神 OGK 决定从新的角度出发，为公益捐助赋予新的价值。在公益捐助的领域中，传统的视角往往聚焦于捐助行为本身，强调物质的转移和数量的累积。然而，随着社会的发展和观念的更新，公益项目开始寻求更深层次的价值实现——即通过公益捐助激发受助者的内在潜力，促进其自我成长与发展。《把书翻烂，把梦翻新》正是在这样的思考下，用"烂书"这一独特的概念，重新定义了公益捐助的深层价值。

"烂书"这个创意来自一个细微的洞察点："一本书会因为不断地翻阅而变得蓬松"。"烂书"在这里并非指质量低劣或言之无物的书籍，而是指那些被孩子们翻阅至破旧，却依旧充满知识力量的书籍。那

建成**99**个知识星光图书室

本案例 TVC

些翻阅痕迹是孩子们渴望知识的见证，是书籍在孩子们心中生根发芽、开花结果的象征。这一创意向整个社会传递出这样一个观点：那些被翻烂的书是对捐赠者的回响，每一次翻阅，都是对梦想的一次灌溉。

在广告的创意表达中，执行团队深入挖掘了"烂书"背后的故事，将孩子们与书籍之间的情感纽带生动地展现出来，通过这种真实而深刻的情感连接激发公众的共鸣，引导他们重新思考公益捐助的真正价值——它关乎知识、关乎梦想、关乎未来。通过重新定义"烂书"，本案例为公益捐助注入了新的内涵，也为捐助者和受助者之间建立了更加紧密的情感联系。

"这些被孩子们翻烂、翻旧的书，恰恰代表着他们对书的喜爱，每本书都被他们认真读过了，吃透了。相对于未来、命运、希望这些'将来式'，那些已经发生的'过去式'，更能生动直观地体现捐助的价值。

所以最终我们整个创意就定在了'烂书'这个点上，'把书翻烂，把梦翻新'的主题也就应运而生。"

走神 OGK 供图

二、讲好公益故事——平衡"真实性"与"传播性"

《哈利·波特与魔法石》是一本烂书吗？
是的，这是一本满是手印的书
它被贵州瑞溪镇中心小六年级的孩子们
一次又一次地翻阅过
有个孩子正在读第 5 遍
哈利·波特冲进 9¾ 的那一页
手印是最多的

《城南旧事》是一本烂书吗？
是的，这是一本差点被啃完的书
它是一个孩子的精神食粮
但也差点成为一只羊真正的粮食

《苏菲的世界》是一本烂书吗？
是的，这是一本被口水浸泡过的书

这本书总让孩子因为看不懂而睡着
但这些问题种下的种子，正在发芽

《花木兰》是一本烂书吗？
这是一本被不同的笔画过的书
这些大山里的孩子
正在成为改变自己命运的英雄

《万物简史》是一本烂书吗？
这是一本湿了晾干、晾干又打湿的书
它总是被孩子们装在书包里
下过河、淋过雨、贱过泥
他们开始知道世界不只眼前
他们也想看看它真正的样子

（《把书翻烂，把梦翻新》文案）

公益传播的核心在于讲述真实而动人的故事，激发公众的感同身受，鼓励公众亲身参与。公益传播的艺术性在于保持故事真实性的同时也具有广泛的传播性和吸引力。《把书翻烂，把梦翻新》的内容表达是富有童真且充满想象的，它让大家看到，一次成熟有效的公益传播既不能依赖于虚构的创意，也不能仅仅停留在单调的纪实层面。

当创意团队走进偏远乡村，亲耳聆听孩子们与书籍之间的真实故事，他们收集到了大量真实感人的原始创意素材，孩子们的故事充满了动人的细节和有趣的情节，饱含了最真挚的情感。观众在 TVC 中看到的那本差点被羊啃掉的《城南旧事》、被翻烂的《哈利波特》、被口水浸满的《苏菲的世界》……这些和"烂书"有关的故事皆来源于现实生活。为了在真实性和传播性之间找到平衡点，创意团队不断探索和调整。在最终的广告呈现中，他们基于现实背景和真实素材，进行了适当的创意加工和文案修饰，在创意表达和真实表露之间找到平衡，最大程度地保留和还原孩子们对书籍的真挚情感。这样的表达方式更有效地触动了观看者的内心，激发他们继续关注和深入了解公益项目，促进更多的捐助行为。

从内容传播的渠道来看，作为当今最为广泛使用的传播载体，短视频自带种种优势，但同时也有不少短板。在"短平快"的节奏下，创作者很难将一个完整的故事装进短短的进度条中，对内容精简、加工的过程考验着创作者的"平衡力"。但不管怎样，创意表现的渠道可以是多元的，不同的传播载体天然具备着不同的表现风格。因此，在《把书翻烂，把梦翻新》这一案例中，有更多更丰满的故事被放在了线下书展。实体空间不仅能够承载更丰富的信息，也有机会将这些真实的故事以更加完整和生动的方式呈现给公众。通过展览的形式，观众可以更直观地感受到书籍背后的故事，让大家更深刻地理解捐助行为的意义和价值。

不管是《城南旧事》《哈利·波特》还是《苏菲的世界》，相信有很多书籍都为广大青少年群体带来过成长的力量。那么，这些关于"烂书"的故事是如何被挑选出来的呢？创意团队是带着怎样的价值标准去选书的？其实，走神 OGK 的创意团队在选书过程中最重要的一条标准是：一定要从公益项目的真实捐赠书单里挑选。但过去"知识星光"受捐的书单中有 2000 多本不同的书，选择哪几本书作为代表，是一个值得思考的问题。

我们希望这些书可以更有包容性，捐书活动所收到的书有不同的种类，也覆盖了不同年龄段，我们最终挑选出来的五本书包括奇幻、人文历史、哲学、科学多个领域，隐性讲述着知识如何带孩子们进入广阔天地。

——走神 OGK

本案例 TVC

本案例 TVC

三、发挥平台优势——看见微信支付的品牌责任与数字化能力

在数字化浪潮的推动下，公益项目迎来了前所未有的发展机遇。微信支付作为一个连接亿万用户的支付工具，其品牌影响力和数字化能力无疑为公益项目提供了巨大的支持和创新的可能性。在"99公益日"等重要节点，微信支付推出特别活动，罕见开放支付后核心流量位，为用户提供更加便捷的捐助途径，鼓励用户参与公益，并依托微信平台的社交属性，通过朋友圈广告、公众号推送等形式，扩大公益项目的影响力。

一方面，微信支付的庞大用户基础为公益项目提供了一个绝佳的传播和募捐平台。通过微信支付，公益项目能够轻松触及更广泛的受众，激发更多人的参与热情和捐助意愿。另一方面，微信支付实质性捐赠数千万以支持公益项目的同时，其数字化能力更是为公益项目带来了突破

上海国际广告节官网供图

性的改变。其便捷的在线支付功能使得捐助者可以随时随地完成捐赠，大大提高了募捐的效率。

在本案例中，借助微信支付的广泛覆盖力和便捷支付功能，项目团队成功地吸引了大量用户的参与和捐助，项目最终实现捐书 11 万＋，9900 万＋曝光量，近 3000 万视频播放量，公益书展 1500 万＋曝光，25 万＋次用户互动。在微信支付的助力下，《把书翻烂，把梦翻新》不仅在线上取得了显著的传播效果，更在线下引起了广泛的社会关注。这种线上线下相结合的方式，极大地释放了公益项目的能量，促进了社会资源的有效配置，提高了公益捐助的透明度和信任度，实现更深远的社会效应。

"微信支付也在知识星光公益计划的公益实践经验中，衍生出微信支付分分捐、爱心餐等公益产品，持续深耕在公益领域，为用户带来更多创新的公益体验。"

四、拓展线下传播渠道，促成人与人之间的天然连接

在深圳后海地铁站落地的线下书展则将更多触动人心的故事完完整整地呈现给人们。线下展览作为项目的延伸，让城市里的人们有机会亲手触摸到这些充满故事感的"烂书"。这种亲身体验不仅加深了人们对项目的理解，也增强了捐助者与受助者之间的联系。线下的媒介，能够更完整地展现乡村孩子们与图书的故事，也让捐助的"结果"第一次真实地呈现在每个人面前。这件事不论是对项目本身，还是微信支付，都是非常有意义的一次尝试。

在展览开放期间，很多现场的观众反馈，他们过去也参与了很多捐书活动，但这是他们第一次了解到书籍捐赠的后续，并且真实地看到了、摸到了它们，与那些读过这本书的孩子展开了一次隔空对话。

公益宣传活动能否长期持续地产生影响，这是能否真正打动公众促

上海国际广告节官网供图

使他们继续捐助的"动因"。如果捐助的达成只能依赖公众对被捐助者的同情心,那么可持续的公益便很难达成。捐助者和受助者之间其实并没有天然的"连接",所以,让更多人看到自己的爱心对现在或未来产生的实际改变和价值,将捐助者和受助者更好地"连"在一起,这种更紧密的关系才能让更多人长期地加入公益事业中。

延伸思考

1. "烂书"这一创意洞察蕴含着怎样的深刻思考?它对于捐书项目来说有着怎样的价值?

2. 微信支付与公益捐赠项目的结合有着怎样的优势?

3. 在本案例中,创意团队是如何有效地连接起捐助者与受助者的?

故事

安全铸就生命防线，坚守品牌初衷信念
传承爸妈智慧，把握科技走向
科技温情，智能时代的人性化探索
城市软实力叙事：城市品牌塑造的新思考
绕出生活迷宫，寻求新营销玩法
征战东南亚，金融科技的新出口

安全铸就生命防线，
坚守品牌初衷信念

品牌方： 沃尔沃汽车集团
案例名称： 人生重启时
创意执行方： 北京朗知网络传媒科技股份有限公司上海分公司
上海国际广告奖奖项： 银奖

《人生重启时》海报封面

　　每个品牌都有各自的坚守，豪华、省油、舒适等标签成为各个汽车的代言词，而沃尔沃选择了一条最难走却最有价值的道路——安全。想要通过一则广告向消费者传达出对生命的尊重与爱护，向社会传递出正能量，以长期主义思维让沃尔沃汽车成为公众认可的、具有感染力的品牌。

——沃尔沃汽车集团

　　"这里是沃尔沃随车管家紧急救援中心，接到交通事故报警，请问您现在遇到什么情况，是否安全？"想必经历过交通事故的沃尔沃车主对以上的言语并不陌生，一个理性又及时的声音像一根救命稻草挽救了无数脆弱的生命。如今，中国已经成为了世界上最大的单一汽车消费市场，也是竞争最激烈的汽车市场之一。中国市场与沃尔沃"以人为尊"的价值观念十分契合，深耕中国市场是瑞典汽车品牌扩展商业版图一项必不可少的选择。当下汽车行业，除了注重产品技术创新之外，还要寻求品牌力来筑造竞争的护城河。外界提及沃尔沃汽车品牌，首先想到的关联词便是"安全"。近百年的造车历史，"安全"也被沃尔沃汽车刻入骨髓之中，"安全"早已成为沃尔沃汽车发展的底色。

　　这次沃尔沃与朗知携手以一部纪录片《人生重启时》来讲述真实的生命奇迹，向那些人生经历过无常后的幸存者传递爱，让他们重新燃起对生活的信心，对理想的热爱。在此之前我们可以思考国际汽车品牌如何打造自身的核心优势，走好中国本土化策略赢得中国市场。

一、以人为本：延续品牌安全文化理念

　　安全是沃尔沃的一大品牌标识❶。汽车由人驾驶，沃尔沃所做的一切都在秉持着安全指导原则。沃尔沃汽车是一个有温度的品牌，安全、健康、可持续的价值理念一直是沃尔沃夯实品牌的基石。作为一家拥有近百年历史的瑞典汽车品牌，它对安全与品质的追求可以追溯到创始初衷。在 1959 年，沃尔沃的工程师 Nils Bohlin 在 PV544 车型上装备了三点式安全带，沃尔沃汽车放弃了专利权，并将该技术无偿开放，至今已挽救上百万人的生命。在 1972 年，为了分散负载并最大程度地减

❶ 品牌标识：指的是将品牌与其他品牌区分开并传达其价值和个性的视觉和语言元素。强大的品牌标识系统有助于品牌建立知名度，提高消费者的认同度，能够在竞争激烈的市场中脱颖而出。

品牌发展历史以及技术呈现　品牌官网供图

少伤害，沃尔沃首创反向儿童座椅，更进一步保障儿童乘车时的安全。品牌不断深耕，钻研技术，紧接着又发明了世界上首款可调整的增高坐垫，能够让儿童乘坐时可以面朝前方，同时提供更好的保护性和舒适度。再到后面的侧面碰撞保护系统、侧面安全气囊、盲点信息系统等，技术不断革新都是为车辆的安全设立新的标准。此外，沃尔沃还积极参与公共安全教育活动，向人们普及车辆安全的知识，提高社会对于安全重要性的认识。安全对沃尔沃来说这不仅仅是一项技术，更是对人们生命的尊重与保护，是品牌安全文化的传承。

汽车行业的发展进入到一个新的阶段，目前中国的汽车市场主要以新能源汽车为主。一些新势力企业如华为、理想、小鹏等相继推出新产品，2024 年行业销量超过 3100 万辆，其中，新能源车超过 1280 万辆，渗透率突破 40%。随着国内外造车工艺的进步，沃尔沃在安全技术上面的优势不断被拉平，又该如何在激烈竞争的新能源市场里寻求新的生机呢？成立近百年，沃尔沃始终坚持讲好爱与生命的品牌故事，延续唯爱与生命不可辜负的价值观，担当起以人为本的使命。在 2021 年成都的车展上，沃尔沃承诺 12 项服务，将对爱和生命的尊重付诸产品和服务，持续为用户提供畅行无忧的出行方案，向观众传递品牌近百年的价值观，一直书写品牌守护人类的故事。在生命奇迹俱乐部成立 10 周年之际邀请朗知合作，携手打造了"人生重启时"这部半开放式纪录片，以三位成员真实的人生经历讲解品牌故事。沃尔沃自创办以来就有多项创新技术，其品牌总裁表示在保持品牌调性的同时，也在自己设计电机、独自生产电池等来提升品牌竞争力。沃尔沃汽车公布 2023 年在中国市场汽车共销售新车 170091 辆，销量同比增长 5%；其中，新能源车销量同比增长 26%。在沃尔沃全球体系中，中国是沃尔沃汽车全球最大的单一市场，始终重视在中国的投资，并且在推进沃尔沃本土化进程中不忘初心，坚持可持续发展的道路。

沃尔沃作为瑞典品牌早在 1984 年就进入中国市场，长期以来坚持着用户需求为上，深耕产品力的提升，以它独特的品牌调性在中国站稳了脚跟。只要是外国品牌进入中国市场都面临着品牌是否本土化、如何本土化的问题。对于品牌的塑造，一方面可以完全本土化策略，完全依据中国市场走中国路线，相信品牌会在中国市场长期发展下去会收获到良好的回报；另一方面是半本土化策略，保留自身品牌的属性，同时要了解清楚中国消费者和消费环境的特点，这样既保留了品牌的神秘感与专属文化，又消除了与消费者之间的隔阂。

二、创造奇迹：一群与死亡对抗的勇士

人们常说明天和意外不知道哪个会先来，死亡可以很远，也可以近到触手可及，甚至是一瞬间的事情。沃尔沃在 2012 年成立中国区的官方小社群——生命奇迹俱乐部，俱乐部的成员都是经历过重大交通事故却逃过一劫的幸运儿，从正式成立至今，总共有 60 多位成员加入其中。俱乐部的所有成员，都在经历重大车祸时，因沃尔沃汽车而存活下来。只有体会过了濒死的感觉才会更加珍惜生命，人们在被撞那一瞬间不知道自己是活着还是死去了，大脑一片空白，当身体传来疼痛感的信号，才意味着死里逃生。在生死面前，任何叫卖都没有说服力。

尊重每个生命，才能绽放生命的奇迹。加入生命奇迹俱乐部的车主都是被上天眷顾的幸运儿，"人生重启时"邀请俱乐部成员中的三位，以亲身经历者来诠释品牌，他们都与沃尔沃一起奋力挣扎。意外在那一瞬间伤害的不只是生命，可能还会撕裂整个家庭的美满时刻。其中一位车主的车祸当天是他们儿子的生日，那一瞬间他心想"什么都没了"，儿子在收到消息时觉得自己将要失去父母变成孤独的人了。沃尔沃的声音传来了，"许先生已经为您成功报警了，在等待救援人员到来的同时，如果您有需要，我将一直在线陪伴您的"，其在极其危险的时

生命奇迹俱乐部 沃尔沃官方公众号供图

刻给予最大的支持力量，关爱、解救着每一位车主。

这里不像其他俱乐部，在生命奇迹俱乐部里没有会议、赛车或者其他活动，成员是由于某种信念团结在一起的。每年约有119万人死于道路的交通事故，这个数字的背后代表着一个又一个家庭。这个俱乐部的存在就是为了庆祝生命的延续，因为他们的故事，而让人们更加与道路、车辆和谐共处，更加关爱生命。

三、反常规行之：真情实感引发共鸣

"车祸发生，意外打破日常；回忆翻滚，轧过了生活，留下一道道印记；无常过后，人生将如何重启？"

传统广告强调汽车安全性能会强调撞车瞬间的惊心动魄，展现家人好

车祸现场实拍 创意执行方供图

友撕心裂肺的哭泣，制造车主是否生还的悬疑，以视听觉上直观的冲击来抓住观众眼球。而这次以一种反常规的手法，用真实纪录片的形式展示事实的突破，突破当下广告的形式和思维。只有真正考虑过生死的人，才会静下心来看这部片子，无意间看到片子的人，也会开始思考这个问题。

车祸经历者此后的生命中便拥有两次生日，一次是新生，一次是重生。这部以半开放纪录片的手法进行拍摄的作品，由高分纪录片导演秦博执导，记录意外发生之后，亲人、朋友用爱与陪伴来帮助车主重启人生。纪录片广告●具有显著的拟真特点，以真实故事为素材，进行艺术加工和展示，表现出品牌的本真气质。而这次拍摄的最大困难就是如何还原生活的真实，拍摄的主人公都是没有经过镜头训练的素人，在面对镜头跟踪时产生的紧张感很难展现出纪录片的真实感。团队前期主要依靠资料与电话的深度沟通，从故事、表达以及意愿等多个维度进行筛选，与其中一位车主在线上沟通是非常流畅的，但是当进行实体拍摄时，只要面对着镜头，便会讲话磕磕绊绊，语无伦次。导演团队不得不实时地更改拍摄方案，兵分三路，每一组的主创成员先无设备的和车主一起生活，在日常的相处过程中建立起互相的绝对信任感，并提升素人的镜头感，但这也在无形之中拉长了制作周期。之后进行采访和拍摄，这样就大大降低了车主的防备心理，能够以最真诚和自然的状态去面对摄影机，所以拍摄周期从最初的 5 天拉长到 15 天左右。

拍摄过程中，这位车主总是拿着一台老 DV 在现场记录着什么，刚开始团队认为他只是出于对拍摄的好奇，而真相让人大为吃惊。原来在三年前他被确诊为阿尔兹海默症，后来他怕自己忘了一些事情，就逐渐养成了用 DV 记录生活的习惯。冥冥之中有了交锋，与沃尔沃产生千丝万缕的勾连。拍摄对象之一的温先生与沃尔沃共生死后，更加对沃尔沃痴迷并创办了一家专门的改装店，店里有许多风格迥异的沃尔沃改装车。在拍摄期间还有许多车友过来捧场，因为在传统的认知中沃尔沃的购买人群好像和改装不沾边，这是非常小众的一批沃尔沃的车主，也让沃尔沃走出了新的赛道。

● 纪录片广告是一种新型的广告类型，目前学界并没有对此概念进行统一的界定。主要是一种使用纪实性拍摄手法与表现形式，以真实生活为素材，用弱劝告、弱目的性、真诚的方式展现广告主品牌或其他商业信息的广告形式。目的是能够表现出品牌的本真气质，凸显出人文关怀，引发受众的情感共鸣。相比于传统广告，纪录片广告以全方位的方式展现品牌的信息，能够降低商业信息带来的距离感和生硬感，并且将观众一步步带入视频氛围当中，完成从浅层次的信息传达上升到高层次的情感共鸣。

拍摄花絮 创意执行方供图

"是反的世界，你真的就是懵了。"

"生死之间，第一想法就是，我完蛋了。"

"倒扣着的，就看着有几条身影。"

当一个曾经历生死劫难的人，在镜头面前平淡地描述着那些画面时，能真的感受到这些话语的重量，一声声地砸进心里，再有想象力的文案也写不出来这种真情实感。广告纪录片不仅推销产品，还推崇生活方式，甚至是生活哲学。未经雕刻，不加多余的修饰，甚至有些话语并不完美，但是它将生活展现得淋漓尽致，自带一种平实的力量。

四、契合当下：弱商业感提升传播效率

营销大师菲利普·科特勒将营销演进为三个阶段：营销 1.0 时代是以产品为中心，企业更多关注的是产品的使用价值与差异化；在 2.0 时代是以消费者为中心，企业不仅提供产品的使用价值更加注重与消费者之间的链接，品牌开始推行个性化服务，目的是达到情感上的沟通；现在身处以人文为中心的 3.0 时代，顾客不再只是消费者而是具有独立思想和精神内涵的个体，同时也是企业的协同创新者。短片在卡塔尔世

互动图片 创意执行方供图

界杯暴热的背景下，生命奇迹俱乐部 3 个话题依然登上热搜，最高话题阅读量 1.2 亿 +，互动量 5.1 万 +。微博的曝光总量 1.34 亿 +，总播放量 5405.2 万 +，总互动量达到 39.4 万 +，从人类共情点进行切入，同时弱化品牌的商业感，用最真挚的情感唤起消费者的认同。

纪录片广告的优势也很明显，既兼顾了商业价值，又兼具了纪录片的人文价值。从整个题材、立意以及深刻度上，导演团队的第一反应就是纪录片。纪录片广告是一种采用纪实性拍摄方法与表现形式，以真实生活为素材，以一种弱劝告性、弱目的性的、真诚的方式展现广告主品牌或产品或服务的广告形式。一般的广告片受到时长的限制，都是运用最精练的镜头语言，将品牌和产品以简单粗暴的形式传递给消费者。但是这远远不够，在信息爆炸的当下，品牌还需要借助更丰富的内容，更深的维度去传递品牌内涵。纪录片时长较长，在讲述品牌故事、传递品牌精神方面，有着得天独厚的优势。比起狂轰滥炸的硬广，纪录片更能传达品牌的内涵，这种真实、娓娓道来的形式更容易感染受众，被受众所接受。在营销过程中，需要摆脱硬性的"说教"和"自卖自夸"式宣传，而是更应该考虑受众的接受程度。

除了能够降低商业信息带来的距离感和生硬感，纪录片广告还能从浅层次的信息传递升级为深层次的情感沟通。传统广告具有较低卷入度的特点导致受众只获得瞬间记忆，经过时间的推移，大量广告会被选择性忘记。广告以纪录片的手法呈现能够营造一种沉浸式的接触氛围，为品牌精神与受众搭建了一座桥梁，并为二者的情感沟通创造了可能。影片从车主的真实经历出发，记录了车祸发生后带来的变化，以及沃尔沃所能提供的帮助，一步步带领观众走近现场。车祸带来的不只是肉体上的伤害，可能还会是心灵的创伤。导演团队在与车主进行沟通时，很害怕会触及成员的痛苦回忆。但大家更多的是庆幸劫后余生，庆幸选择了沃尔沃。观看视频的观众也表示沃尔沃从汽车最原始的需求出发，将安全做到极致，也更加了解品牌奉行的价值观——以人为尊。纪录片广告突破了传统广告的传播范式，将远观审美升级成为沉浸的体验，拉近品牌与消费者的距离，显得品牌形象更加温暖。

纪录片广告用真实的生活来传递品牌的价值理念，透露出企业独有的人文精神，展现品牌温度并为社会提供正能量。让我们看到了广告呈现样态的多样性，掌握品牌多年来的安全理念，抓住人们对于交通事故的恐惧心理，真情实感地与消费者沟通，珍爱生命，热爱生活。

参考文献

[1] 王昕，陈烨：《历程·价值·趋势：论纪录片广告的基本问题与发展策略》，《现代传播》（中国传媒大学学报），2018 年第 12 期

延伸思考

1. 作为广告人将运用什么方式来对品牌长久的理念文化进行创新性表达？

2. 对于纪录片广告具有什么认知，请你试着选一个品牌进行策划。

3. 你认为纪录片广告的优劣势是什么？在制作过程中应该如何将劣势把握在可控范围内？

4. 你认为品牌长期主义发展之路应该怎么走？

5. 对于国外的品牌进入本土市场，应该如何迅速扩大知名度并在受众心目中建立良好的形象？

传承爸妈智慧，把握科技走向

品牌方：海尔三翼鸟
案例名称：爸妈智造
创意执行方：上海意类广告有限公司
上海国际广告奖奖项：银奖

《爸妈制造》创意海报

　　为用户带来美好生活是海尔智家的初衷和使命，用一件对用户有意义的事情，让家回归简单而幸福，让用户感到便捷而舒适，享受到真正的智慧生活。

——海尔集团

在科技已经渗透日常生活的当下，很难想象爸妈那个连电脑、空调还不普及的年代是如何运行下去的。这次海尔三翼鸟邀请意类一起合作，将80后真实的生活智慧展现到我们眼前，将传统的智慧与前沿技术进行有趣的碰撞，打造家电家居一体化，传达出让亿万中国家庭拥有真正智慧生活的品牌愿景。不同的年代，不同的科技，而爸妈的巧思为今日智能家庭埋下了颗种子，这其中渗透着积年累月对家庭的热爱，只有爱才会钻研下去，才会开发出人类的智慧。这次将爸妈细碎的幸福收集了起来，传承爱、传承幸福，用智慧科技重新定义生活的美好。那么进入充斥着科技产品的生活里，我们应该如何自处？

一、用心智造：爸妈当年也是"科学家"

切口虽小，但余韵悠长。最打动人的广告是对日常的凝练，将"生活"生动可感地展现在观众眼前。跟随着海尔的战略变化，作为三翼鸟青年生活的第三部曲《爸妈智造》这次选用更生活化的方式来搭建品牌与消费者之间的桥梁，从人性的角度发挥家的智慧。当下火热的高科技产品在爸妈的年代便有了雏形，每天外出带着"妈妈牌防丢门禁系统"的钥匙；睡觉时旁边挂着"妈妈牌加湿器"的毛巾，用以缓解天气的干燥；卫生间里放几瓣柚子皮来充当空气净味机；出差睡不着觉就带着沾有家的味道的枕头来助眠、只要鱼眼睛一弹出来代表鱼熟了、两个杯子来回倒腾热水让它凉得更快一点等等。不管时代如何变化，这些家的智慧都会被整理、升级，传承下来，慢慢注入科技的力量，让曾经的老问题都有了新的答案。主动智能覆盖家中的每一个角落，从家中空气、饭菜到冷暖等仿佛是爸妈在无微不至地关爱着我们，爸妈牌人工智能也就意味着智慧家居在细心呵护着人们的生活。

细看《爸妈智造》，里面的每一个场景都会勾起人们的回忆，产生

爸妈牌人工智能正片图

情绪共鸣。广告是不断追寻创意的过程，而创意源自生活，换个角度看世界也许就会变成全新的事物，以最简单的文字力量和人们熟悉的场景来撬动受众的情感共鸣。如果想要产出新奇的好点子，就要时刻保持着对生活的洞察，将自己的一切归零，带着好奇心去看世界。但现在互联网的盛行让人们沉迷、麻木于电子产品，阻碍了自身的思考和看世界的能力，真实的生活是人们五种感官的综合体，只有极力开发感官才能找到创意素材，实现永不枯竭的创意成就。

创意是广告的灵魂，为产品赋予新的生命与意涵，向消费者传达新颖的吸引力或者视觉的冲击力，也是决定了广告设计水准的关键一步。很多广告人都会产生的疑惑是，如何在高密度的创作周期中获得源源不断的灵感从而生产出好作品？娃哈哈的 LOGO，中间以笑哈哈的小孩子作为形象标志，是企业以做儿童产品的基础，找到了火遍大江南北的"娃哈哈啊娃哈哈，每个人脸上都笑开颜"歌曲，将大众对歌曲的喜爱引申到娃哈哈身上。可见，创意的关键是将我们生活中的所闻所见与品牌或者产品进行大胆的想象、重组。

二、联合共创：整合营销①高效触达消费者

整部短片既温情又暖心，以爸妈年代的巧思智造来链接当下年轻人新的生活方式，新时代利用科技将老一辈的智慧一代代传承下去，从而提升生活的幸福感。除了在故事情节上的情感勾连，三翼鸟用心搭建传播链条，从线上走向线下实现圈粉无数，用爸妈的智慧掀起智慧生活的热潮。

对于品牌而言，只有通过多元的营销渠道，完成营销闭环，才能将品牌理念更好地触达消费者。视频一经上线后收获到 13.7 亿 + 的总曝光

视频营销部分数据 创意执行方供图

① 整合营销理论兴起于 20 世纪 80 年代，是由世界著名营销大师唐·舒尔茨及其合作者提出。其认为整合营销传播是一个"管理与提供顾客或者潜在顾客的产品或服务有关的所有来源的信息的流程，以驱动顾客购买企业的产品或服务并保持顾客对企业产品、服务的忠诚度"的过程。它具有以统一的传播形象出现、整合各种传播资源、双向沟通等特征，可以使得品牌传播符号发挥最大功效。在互联网时代，需要保持理论核心不变的同时，关注消费者需求的变化，加强媒体的整合资源，实现利益最大化。随着时代的变迁实时增添新的内容才能够确保理论的适用性，达到长期的发展。

量，总播放量达 9759 万 +，话题总曝光量达 8 亿 +，互动量为 57 万 +，可以说是一次刷屏级的营销。三翼鸟首先与《三联生活周刊》联合发出讨论话题，唤起网友智慧生活技能的回忆，获得无数网友晒出实用小妙招，激发用户活力，扩大品牌声势。再借势明星搭建品牌传播流量池，利用明星效应，携手李诞产出爆品内容，让李诞成为互联网最强嘴替强势占领用户的心智，不断为品牌蓄力。此时品牌话题热度不断飙升，逐渐走进大众视野，营销走上高潮。品牌携手知乎，联合打造"答案奇遇夜"，同时文案鬼才李盆二创视频，制造新玩法，发表自己对视频的独特见解，将传承家的智慧带领至一个新的高度。在互联网时代，不论是电商平台还是内容平台，都蕴藏着巨大的流量。品牌需要在各个平台以不同的力度全方位地布局，构建线上营销全生态多点位开花的局面。三翼鸟通过抖音达人解读视频内容；微信视频号的 KOL 从用户影响、科技财经、行业发展等维度对广告以及三翼鸟进行解读；爱奇艺专题页打造青年三部曲对内容进行记忆串联等形式，借助抖音、爱奇艺、微信视频号等平台和 KOL 的力量，协同合作达成破圈传播，助力品牌实现营销赋能。

随着体验经济❶时代的到来，年轻的 Z 世代的消费理念以重体验、及时行乐与享受生活为主。三翼鸟在北京和广州举办人工智能展览，为受众提供沉浸式体验，能够切实地感受到产品的升级。与高频低价的快消品不太一样，家居智能产品较为复杂，需要用户进行综合考虑，因此，线上与线下的结合才会使销量最大化。

---

❶ 体验经济强调消费者的感受以及满意度，重视消费行为在消费者心理发生的心理体验。在 1999 年，美国的两位经济学家约瑟夫·派恩和詹姆斯·吉尔摩撰写的《体验经济》一书中明确提出了"体验经济"这一概念。它包括内容与服务、社区以及网络情景带来的体验。消费只是一个过程，而过程中消费者的感受便随着记忆长久地保留在消费者脑海中，以至于消费者愿意为此买单。因为这种体验是美好的、独属自身的、不可复制的。当下体验经济是企业重要增值的一项环节，具有广阔的发展前景。

线下用户产品展示 创意执行方供图

在当今数字化时代，数字化营销已经成为企业推广营销的主要方式。有效的数字化营销能够快速精准地触达消费者，相较于传统的营销方式投入成本更低，且效果更易于跟踪可查。在线上进行营销，低成本拓宽客户资源，能够迅速引爆流量，提高品牌曝光度。然而在内容爆炸的时代，品牌想要在竞争激烈的数字内容中脱颖而出，越来越具有挑战性。线下的推广营销能够在日常生活中抓住人们的注意力，创造品牌的知名度，同时有针对性的活动营销，可以使品牌有效地接触到目标用户，实现价值最大化。最重要的是能够创造独特的互动体验，提高用户的参与度，增加转化的机会，这些身临其境的体验在数字空间是很难达成的，这也是线下营销的一种优势。品牌通过真实、有形世界的体验感来增强用户的感知力，同时提高了用户对品牌的信任度，从而建立品牌的信誉，最终促进长期的成功。

三、勇于探索：生态无边界激发品牌可能性

海尔从一个濒临破产的冰箱厂发展成为物联网时代引领世界的生态型企业，早在创业之初就坚定了自主创牌之路，立志要打造中国的世界名牌。历经 40 年的风风雨雨实现了从"中国产品"到"中国品牌"再到"世界品牌"的转变。海尔不断转变战略，在生态品牌上进行探索，围绕用户在日常生活的需求，不只是在衣食住行，还包括娱乐、医疗等各个方面拓展品牌的边界，创新无限的可能性，构建场景品牌。这次企业的转变不只是因为消费者消费习惯的变化，而是窥见了市场的走向。不断突破关键技术的界限，创新产品的同时，走出自有的舒适区，开辟新的疆土。

家是承载着我们幸福的港湾，无论时代如何变化，家都是美好生活的代名词。海尔通过智能技术与家的融合让用户感受温暖，同时制造新的体验感。进入数字化时代，我们每一天都在与数字产品打交道，市场的消费主体也由 80 后慢慢拓展到具有个性、喜爱尝试新事物的 90 后、00 后。消费者的消费行为在变化，消费群体也在逐渐细化。用户在注重产品个性化体验的同时，更关注生活质量的提升、生活的舒适度与便捷性。在 2019 年之前就已经有了扫地机器人、家电智能化等，面对市场的激烈竞争，海尔开始思考如何发挥自身的优势搭建与消费者沟通的桥梁。

作为最早探索智慧生活的企业之一，海尔并没有止步于产品的创新。而是以家庭为原点，以满足人们对美好生活的渴求为目标，不断在场景的基础上向前拓展，打造出开放融合的多元生态。2019 年底，海尔在 35 周年纪念日上，创始人张瑞敏亲手揭开长卷，宣布海尔开启第 6 个战略发展阶段，即生态品牌战略。例如在围绕衣物搭建全方位场景体验中心，开创了衣联网 1 号店，将洗衣机从卫生间搬到阳台，创新了阳台洗晒的场景。再根据不同用户对阳台的需求去迭代组合出不同的使用情况，其中对于需要健身的人群海尔引入健身器材等系列服

厨房智能和线下展品 创意执行方供图

务，对于喜爱阅读的人群就为用户定制阳台阅读的场景。不只是洗衣的变迁，包括智慧厨房的变迁，为用户提供购买、存储、烹饪等全过程的场景体验。在智慧生态方面，建立了衣联网、食联网、水联网等生态圈，满足用户对家庭的个性化需求。对于品牌而言，进入依靠科技创新驱动的"新常态"，不仅需要领先于同行，更重要的是，领先于时代。

四、智慧生活：做科技的主人

烈日当空，智能家居轻轻地关上了窗帘；夜幕降临，忙碌一天的人们回到家就听到暖心的智能电器的问候声；做饭时，智慧厨房陈列菜谱手把手教会你做一桌可口的饭菜；床垫感应人们的身体姿态，自动调整枕头高度和硬度，让人体得到最佳的舒适度。广告中的创意来自我们对美好生活的期盼，这也是科技生活的当下人们真实的生活样态。

进入数字化时代，智能技术浸润了我们的生活，一天中甚至超过一半的时间都在与数字产品相伴。它们成为日常中不可或缺的存在，为使用者带来极大的便捷，改善着我们的生活方式。但不禁也发出质疑声，人类是否已经被科技奴役了？数字技术已经瓦解我们的注意力，将我们的思维碎片化，"低头族"、沙发土豆等更是现代人的标签。现代人的生活被高度笼罩在技术的笼子里，图像和声音组成的仿真环境隔绝了我们与自然世界的相处。当下确实应该认真思考人们与技术的关系，我们需要拥抱技术，这个年代需要电子产品，用技术来帮助人们省时省力，便捷生活。但更应该时刻捍卫人类的主体地位，充分发挥技术力量的同时保持自身的独立思考。能够清晰地知道无论技术如何发展，它都只是服务于人类探索世界的工具，不能成为心灵的桎梏。未来，我们既要积极接受新的技术，葆有一颗创新、勇于尝试的心，又要时刻记住人类独有的价值，保持人本身的独立性。

参考文献

[1] 卫军英：《整合营销传播中的观念变革》，《浙江大学学报》（人文社会科学版），2006 年第 1 期

[2] 刘凤军，雷丙寅，王艳霞：《体验经济时代的消费需求及营销战略》，《中国工业经济》，2002 年第 8 期

补充材料

三翼鸟青年生活三部曲系列：在 2021 年 -2023 年三翼鸟先后上线了《懒人时代》《社杂青年的年》《爸妈智造》三部大片。《懒人时代》为大众展现出省心省力、能够提供极大便利的科技生活；《社杂青年的年》通过发现当下年轻人生活的困境与窘迫，对广大年轻人发出高质量生活的邀请，完美诠释"与其低质量社交，不如高质量独处"；《爸妈智造》以最真实的情感与当下的消费群体对话，通过对智慧生活的理解去传承家的智慧。三翼鸟持续洞察用户的需求，不断根据时代与消费行为的变化改变自身主张，并推出一系列的解决方案，让用户感受到智能生活的美好。

延伸思考

1. 你认为广告创意与生活之间的联系是什么？请你试用周围的物品来进行创意联想。

2. 请谈谈整合营销的优势与作用。

3. 线上营销已经涉及各个平台、营销手法多样，并取得了良好的营销效果，为什么还要在线下开设展馆、体验馆？

4. 海尔为什么选择在物联网时代打造生态品牌模式？生态品牌的价值是什么？

5. 在当下数字时代，品牌如何面对消费者消费理念的变化去适应时代？

科技温情，
智能时代的人性化探索

品牌方: 上海小度人工智能有限公司
案例名称: 老杜
创意执行方: 上海意类广告有限公司
上海国际广告奖奖项: 金奖

《老杜》创意海报

　　"小度在家，陪伴在家。"小度作为一款 AI 产品不仅能够在娱乐影音、生活助手上提供功能层面上的价值，也能在情感上有求必应，实现日夜陪伴的情感寄托。AI 重要的意义在于服务平权，让每一个人都能获得个性化的助手服务，更是助力每一位老人简化生活琐事，过上轻松、快乐的生活。

——上海小度人工智能有限公司

随着科技的发展，人工智能已经广泛地应用于医疗、金融、零售等各个领域。根据相关统计数据，我国人工智能核心产业规模已达到5000亿元，企业数量超过4400家。2022年国庆节期间一部广告微电影杀出重围，《老杜》一上线就赚足了观众的笑点与眼泪。在这个充满科技感的时代，空气中弥漫着科技感、冷酷的语音助手让我们感受不到人情味。然而人们内心深处渴望温度、渴望被关注，用讲故事的方式让人工智能的陪伴功能悄然触达。当下我们应该思考的是怎样让智能产品更好地为人类服务。

一、化茧成蝶：小度是永不失联的爱

小度既是唤醒智能屏的开关，也是百度旗下人工智能助手的名字。在2023年，小度已进入超4500万家庭，以超40%的市场份额稳居中国智能音箱和智能屏市场出货量第一。作为一款智能屏，它的功能属性早已深入人心，但品牌还未发声，这一次是从品牌层面来探讨小度背后的理念与使命。小度背靠百度，能够第一时间将先进的智能技术融入产品中，如今小度学习机能精准个性化定制学习方案，智能健身镜、闺蜜机等新产品可以实现AI健身和健康管理，通过强大的交互算法全面变革和创新用户体验，成为一款无处不在、聪明、懂你的AI伙伴。

作为国民级的人工智能产品，小度核心人群不是小精尖的科技爱好者，而是大众市场，包括一老一小都是核心目标人群。从智能屏到健身镜再到学习机，小度的产品出货量可以说是全民小度的程度。小度能够提供的功能，电脑、手机、音箱等都具备甚至更丰富，怎么在众多产品中找到自己的蓝海？除了听评书、跟练健身操、看剧之外，小度的一声声"在呢"就抓住了用户最重要且核心的需求——常伴的孤独以及对陪伴的渴望。当下社会高速运转，以往车马很慢一生只能爱一个人，如今没有潜心钻研的耐心，没有欣赏完一部剧的时间，就连读一篇文字，

DuerOS X 相关生态产业 小度公众号供图

也只是瞬间滑过，好像只是为了点开它。时间还是从前那个时间，路途还是以往的路途，交通已经节省了不少时间，但却被各种繁杂事务掠夺更多时间。没有人是一座孤岛，小度可以陪你吃饭、陪你聊天、陪你健身、陪你学习，给予人们最强大的力量。截至 2023 年底，我国 60 岁及以上老年人达到 2.97 亿，占总人口的比重为 21.1%，独立居住的 60 岁以上的老人占全国老年人比例的 54%。一些老人独自居住在偏远的村镇中，小度相当于一个智能管家，能够句句有回应，事事有关心，这是多么幸福的一件事。

　　成为每个人都能拥有的人工智能助手。作为一家人工智能科技公司，小度拥有核心技术优势，包括全线产品应用文心大模型，不断进行软硬件一体化的产品创新。在人工智能的发展浪潮中，AI 大模型带来了前所未有的机遇与挑战。2024 年百度举办了以"创造未来"为主题的 Create AI 开发者大会，在大会上百度集团副总裁、小度科技 CEO 李莹表示，小度 AI 智能助手是百度文心大模型的重要且规模庞大的落地应用，DuerOS X 作为全新的 AI native OS，完成全面换脑，引领 AI 原生应用迈向全新的高度，它将为我们带来前所未有的智能体验，开启全新的智能生活篇章。这一次小度进行极致换脑，无论是模型全面应用文心大模型、生态层面进行个性化定制服务，还是在交互层面，它能准确理解你的意图并给出适当的回应。未来，小度会持续创新，不断地突破自己，为用户带来便捷、有趣、舒适的生活体验，切实地解决用户的需求，走进千家万户。

二、点石成金：细节填补故事地图

未知生，焉知死。人生就在弹指之间，四季一轮一换，一年过去了；气息一呼一吸，一生过去了。意类打造了一部喜剧微电影来谈论生死，老死不相往来、生离死别都是以人最真挚的情感触动我们内心柔软的地方，此次是从缅怀逝世亲人的角度来展现出小度一直陪伴在身边，填补新旧生活的鸿沟。

影片是已为亡灵的老杜从天堂请假一天回到人间看望老伴的故事，看一眼这个设定，对于故事情节走向能够了如指掌。但巧妙的是只要你点开影片就会追随着故事看下去，看到第 7 秒会被天堂主任是一位不能吃甜的、沉迷于漫画书的小孩儿所吸引，用桂花糕贿赂不成功，到第 38 秒老杜改用漫画续集收买了这个掌管天堂的主任，细节的反差彻底

《老杜》视频截图 创意执行方供图

《老杜》视频截图 创意执行方供图

抓住了观众的好奇心。

亡灵返回人间是大的框架，但有了细节的刻画，才使得千篇一律的故事各具特色。满屏弹幕飘过"首尾呼应"，加重点标注的"桂花糕""带有光环的天使"，一语双关的"我跟小度学的"等，无不彰显着被网友挖出了影片中藏着的细节，以此达到与受众在心灵上的互动。意类联合创始人佳乙告诉我们，短片在国庆上线后，他时刻关注着弹幕的动态，看到埋藏的点被观众打在弹幕公屏上就宛如找到知己一般。整体从创意的生成到脚本的打磨再到最后的拍摄，花费了意类大约三年的时间，即使面临着疫情的阻碍、拍摄日期的一拖再拖、执行过程的种种困难，还好最后坚持了下去，一步步走向成功。在获得返回人间许可后的老杜，像个小孩般欢快地跑下楼梯奔向思念的家，这个片段虽然只有2秒，而对于上了年纪、满头白发的牛犇老师是一大考验。以牛犇老师这个咖位应该享受一些优待，但他本人十分敬业，觉得处理不好的地方会一遍遍地打磨并与导演讨论如何改进。即使他记忆力有些衰退，需要记一段词拍一段，但他十分敬业，最大程度地尽自己所能完成任务，为我们呈现一个可爱的老小孩。

《老杜》视频截图 创意执行方供图

　　细节不只在于人物的刻画，场景氛围的营造同样重要。阳光铺满大地，微风吹动树叶，每一条小巷都像是美丽的谜语，影片中文艺气息浓厚，让人不自觉的心静下来、慢下来。取景地的选择与故事情节设定的背景有关，影片中可以看到桂香与老杜的生活优渥，在他们年轻的时候穿着打扮追赶当时的潮流并且能够用影像来记录生活，居住着一栋单独的院落，桂香的闺蜜好友团都十分前卫。在人物设定上，年轻时桂香的家庭较为富裕，老杜是收入相对低一点的知识分子，现在作为退休的文艺老青年。团队对比了南北方之间的地区经济、生活习惯等，确定将城市的范围设定在南方城市，如果是在发展比较晚的地区，情节里面的几十年前的聚会、录像等设定就不太成立。

故事广告需要兼顾完整性和细节处理。所以进行创作时首先将产品的逻辑线捋清楚，能够保证整个故事情节的流畅度。之后开始注入巧思，在里面埋藏能够驱动观众看下去因素，例如桂花糕。为什么桂香要选择制作桂花糕，怎么不制作青团、月饼等；天堂监管人间的，为什么是个只需要漫画书就能收买的小女孩，等等。这既是一种超脱出观众既有认知的设定，制造一种反差感和戏剧感，从而勾住受众的好奇心继续看下去，也能展现出广告的主题，从头到尾体现出新旧生活的强烈冲突，但最后一首舞曲达成了最后的和解，代表着 AI 最终的意义是带来更好的陪伴。不只有宏大主题才能使人感动，每一个小细节都能动人心弦。

三、涸鱼得水：长视频广告的生存之道

"夸夸！一点都不生硬！以后广告就按这个标准来！""广告质量真好，比现在很多电影都不错，一点都不单调。"这是在 B 站视频下面收获的热评，还有网友分享了自己外公外婆的爱情经历，也再一次让年轻人相信了爱情。《老杜》在 B 站首发，一上线就登上热搜第二名，获得 2760 万 + 播放量、全平台的播放量超过 1.32 亿。营销策略根据执行过程中的变化不断地调整着，广告的时长从一开始的 6 分钟扩展到后来的 12 分钟，上线的时间节点也一改再改，由清明到七夕、中秋再到国庆。一发不可牵，牵之动全身。就连桂花糕也有考虑过用青团、巧果、月饼等来代替，最终敲定在国庆节发布以及短片时长的问题选择将营销阵地设置为 B 站。B 站向来是年轻人的集结地，兼顾了长视频和短视频的模式，实时感受的弹幕发表营造陪伴的氛围感，可以增强品牌与受众之间的互动效果。

B 站视频评论截图 创意执行方供图

同时在微博上也进行投放，因为是具有奇幻色彩并带反差感的故事情节，自然而然地吸引到无数网友的喜爱，一些 KOL 自动转发、口口相传的形式扩大了传播范围，最终微博视频总播放量达到 215 万+。

广告行业进入频繁波动的阶段，新消费品牌的不断涌现，低投入高产出是当下最快获得利益的选择。广告内容时间的长短与受众的注意力息息相关，而当下人们的注意力已经被短视频、自媒体规训得越来越难以集中，12 分钟的长视频很难让观众耐心地看完。B 站对视频内容质量的要求比较高，具有独特的商业模式，网友们往往根据观影习惯、喜好内容等综合因素选择该平台且成为忠实粉丝。合理的市场总是多元化的，B 站作为众多平台的一种类型，为部分视频提供了阵地。

长视频广告的目的是塑造品牌。小度是以核心人群来定义整体的品牌营销策略，营销的重点在于让大众理解所提供的价值。故事是最好的、最容易被大众喜爱、分享的形态，而不是冷冰冰的产品评测，只对小众人群有吸引力的风格。当下长视频广告面临着观众没耐心看完、制作成本高以及广告内容与品牌理念难以完美融合的问题，《老杜》的成功似乎是一缕曙光。意类也告诉我们，许多客户在看到《老杜》成功后询问能不能复制一个出来，答案肯定是不能的。当下广告行业中重度的内容趋势明显的下滑，一方面是因为它单方向地输出内容，与受众的互动性不强，另一方面是在短视频盛行的今天，流量无疑是首要考虑因素，且封闭型的内容需要高预算来支撑。流量模式能够及时地获得利益，受众越来越在感知上缺少内容价值，深度内容的刚需性就越强，对于品牌的塑造离不开深度内容的产出。

四、不落窠臼：微电影传扬陪伴价值

不少网友评价这则广告堪比电影。但广告与电影完全是两回事，二者创作的原点与目的都不相同。广告的重点是要突出产品，可以说故事的主角、人物之间的互动、剧情的转折等都是因为产品的存在，而拍电影的人会很诧异产品怎会有这么大的魔力。但是创意是二者共同的出发原点，能够让观众在观看时发出连连感叹，并将自己置身其中，产生情绪共鸣是讲好一个故事的基础。同时不管是广告还是电影在人们的脑海中留下印象，可能是有趣的剧情、一句文案、一首音乐或者是小度的一声"在呢"，那些因生理反应而产生的记忆点会记得更久一些。这就需要对市场进行分析，切中观众痛点，比如独居的老年人会时常感到孤独，而小度能够提供一种陪伴的价值，明确目标受众当下的需求。有的放矢地设置目标，才能事半功倍，借用故事、艺术等来精进广告的丰富度，才能打造出品牌独特的魅力。

一个在天堂的灵魂返回人间看望亲人，这个故事剧情我们并不陌生，在电影、微短剧甚至小说里都是常有的设定。但是怎么把一个旧有情节改造成崭新的创意并获得大众的喜爱是我们当下需要思考的内容。

广告的骨架难以创新，就要从枝节上另辟蹊径，让它变得具有生命力且成为独一无二的内容。品牌是广告的主角，将产品与内容更好地融合在一起是制胜的关键。不管是哭还是笑，故事感人才能获得受众的注意力，通过渲染情感来获得认同，在创作时可以选择从自己的人生经历或感悟出发，真实的内容最容易触发共情。人物的塑造、细节的刻画都是为产品更好地表达而铺垫，每一次故事大致走向可能相同，就像看电影一样，刚看完开头立马就猜中后续的情节脉络。但好的故事即使情节相同看完却产生了不一样的效果，则是因为细节的处理，细节要根据主题进行调整，模板化、套路化的方法是行不通的。

这次小度为我们带来了一个温情暖心的故事，能够深刻洞察用户的社会现状和情感诉求，诠释出品牌长久陪伴在身边的理念。情绪消费是需求，社会心态是起点。随着社会经济的快速发展，人们对美好生活的需求不再只停留在衣食住行，开始追求高层次的精神世界，在日常生活中不断寻求肯定自我。作为原子化的个体，不免缺乏归属感加深孤独感，情绪价值成为当代人消费埋单决策的重要因素。未来，不论是在产品创新还是在社会责任上，小度都将持续关注人们身心健康的发展，把光留在人间，把一切奉献给社会。

延伸思考
1. AI 产品对我们的意义是什么？此类品牌的发展之路是什么？
2. 在短平快的节奏下，长视频广告是否有生存空间成为当下广告的一种趋势？
3. 如何平衡好编剧思维和广告思维的冲突？同时怎样达到故事广告的情节完整性与细枝末节的共存？
4. 对于老套的故事情节，如何达到旧元素新组合为受众带来新的体验感？

城市软实力叙事：
城市品牌塑造的新思考

品牌方：blank me | 半分一
案例名称：上海半分一
创意执行方：上海群玉山品牌营销咨询有限公司
上海国际广告奖奖项：金奖

《上海半分一》海报

　　上海是一座女性友好的城市，品牌关联的各种内涵都被打包到这个概念底下，可以把所有的碎片都组合起来。这样，商业品牌也可以在不同的城市底蕴之上孕育而生，构成"城市叙事"的另一种内涵：城市与品牌的双向赋能。

——上海群玉山品牌营销咨询有限公司

《上海半分一》文案节选

　　我们惯于执起理性的量尺来丈量城市的脉动：摩天楼群勾勒的天际线、经济指数跃动的曲线、医疗资源编织的防护网——这些钢铁铸就的筋骨，确乎撑起了现代文明的穹顶。然而在上海这座被戏称为"赛博森林"的巨构体里，《上海半分一》却捕捉到了钢筋混凝土浇筑的肌理之下，那些如毛细血管般绵延的文化根系。它们以隐形的力量维系着城市的呼吸韵律，在非常时刻托举起文明的重轭。

　　案例的独特洞察，在于它摒弃了宏大叙事的望远镜，转而拾起人文精神的显微镜。当疫情如飓风过境，数字洪流中翻涌的喧嚣，确曾短暂模糊了城市的立体轮廓。那些曾被反复言说的符号——陆家嘴永不熄灭的金融之光、自贸区吞吐世界的胸襟气魄——在特殊情境下，仿佛都化作冰冷的数据投影。但恰是在这样的时刻，深植于城市基因中的文化韧性，正如同苏州河底静默涌动的暗流，等待着破冰而出的时刻。这场充满勇气的城市自白启示我们：真正的城市韧性，不在云端闪耀的钢铁森林，而在人间烟火里永不熄灭的精神火种。那些被统计年鉴忽略的文化密码，恰是文明得以穿越周期、永续生长的元代码。

那么，既然上海有诸多可以切入的视角，为何选择以文化软实力的视角切入？其背后所要传达给观众的核心意涵又是什么？城市与品牌之间如何双向赋能？在"城市－品牌－人"的共同体中，品牌所承担的角色是什么？在其中又发挥了怎样的作用？

一、回到立意出发点：以小视角浸润大方向

在广告创意的辩证场域中，"大与小"的辩证法则始终是解码传播效能的核心密钥。这种基于"一叶知秋，见微知著"的叙事智慧，通过局部与整体的镜像关系编织出同源文化系统的意象网络。当创作者意图传递宏观命题时，若固守宏观叙事范式，本质上仍延续着"子弹论"时代的传播惯性——将受众视为被动的信息容器，这种单向度的符号投射虽能制造瞬时视觉冲击，却难以构建真正的情感共振场域。《上海半分一》的创新性恰恰体现在对这种传播桎梏的突破：影片将城市精神解构为可感知的微观图景，通过便利店收银台的暖光梯度、裁缝铺银针的运动轨迹等日常场景，完成对城市文化基因的转译。这种叙事策略既规避了传统城市宣传片"地标堆砌"的视觉霸权，又在女性个体的生命经验中重构出城市精神的有机整体。当观众跟随主人公在梧桐光影间穿行时，那些看似零散的城市符号实则通过文化隐喻形成精密的价值网络，最终指向"硬实力依托软实力生长"的核心命题。

《上海半分一》是旨在展示上海之美的品牌片。片子本身就承载着一个宏大的方向，是一种精神层面的呈现，是对整体的清晰认知，基于对局部与整体的辩证思考，选择小视角是为了能够使观众接受。片中也确实是从小视角切入，带着观众从客观的视角了解上海的文化软实力，这与以往大部分城市宣传片中的宏大叙事视角形成了反差，以普通女孩为主角，这个女孩可以是任何一个生活在上海的人，代入她的所闻所见，重新认识上海。当一个城市可以去照顾到更多软实力发展、更多人

为她亮着6000多间便利店

就为她造一个爱情的邮局

《上海半分一》影片节选

文关怀的发展的时候，它的硬实力是不言而喻的。

　　不仅如此，在《上海半分一》拍摄期间，由于各种因素，很多拍摄取景并不是在上海，那么从其他城市挖掘上海特性就是关键，这就需要创作团队在素材收集上投入大量的精力，也正是因为这个原因，具有上海鲜明标志的软实力其实并未完全展现。但即使这样，片子中令人印象深刻的咖啡店、便利店、娃娃医院等也立即唤醒了人们关于上海的百感交集的情绪。在了解了片子的幕后内容之后，也就不难理解为什么《上海半分一》能够带给观众心灵上的冲击，激发出大众对于上海特有的归属感与自豪感。这种呈现方式不仅拉近了与受众间的距离，也以润物细无声的方式体现着执政党的实力。这种小中寓大的手法，建构起城市与人之间的情感纽带与价值认同，为学界和业界提供了正向的思考。

二、厘清核心关键点：以人为中心的城市叙事

人是构建城市的最小单位，从城邑到都城再到城市的不断演进，是源于每一代人始终在不断丰满这座城市，使城市得以生生不息地存续发展。城市叙事的本质就是关乎时间、空间和人，城市作为一个结构性因素，与人物之间形成了特有的城市文化与城市故事。因此，这种独属于某一座城市的文化与故事是难以被复制和迁移的，因为这是由生活在这座城市中千千万万的人所描绘和刻画出来的。人与城市相互作用中滋养了城市的调性，同时也影响了生活在这座城市中的人，谱写出"人民城市人民建，人民城市为人民"。"上海的每一分美，半分归于城，半分归于人"可以从此处溯源，这既是对城市生长脉络的总结，更是对城市人文景观的提炼。

《上海半分一》文案节选

半分一专业底妆

　　半分一借助这部片子将"城市－人"的思考呈现在观众面前，这其实是源于品牌对女性的深度思考。美妆品牌的核心用户是女性，半分一也深刻感受到了女性的力量与价值，尤其是在"她经济"盛行的时代下，许多品牌都试图对女性市场发力，从而分一杯羹。主流市场在不断探寻女性力量、定义女性、建构区别……而半分一关注到了女性是不被定义的概念，以女性的视角去探寻品牌更多的可能性，不再延续市场上定义与标签化女性的行为，也摒弃了女性的"美"应该是主流审美的刻板印象，退去一切标签，回归本质——人。看似是在与时代背道而驰，实则是给予了女性足够的尊重，女性可以不被定义、不被拘束，这种真正深入女性的内心深处，鼓励女性勇敢地去追寻自我的洞悉，才真正凸显了女性主义中的平等思想。这体现了品牌始终秉承与用户一起探索更多可能的愿景，以及半分一品牌价值层面的留白，重塑消费者的品牌认知与品牌价值感受，这样的探索在不断丰满这座城市与品牌本身。半分一强调了城市中的女性力量，女性也同样在为半分一增色。她们在底妆的基础上探索妆容的多元可能，契合品牌所传达的精神内核，品牌与用户在共同探索生活的一切可能性，没有她们，妆容不会更加亮眼，品牌也不会熠熠生辉。她们不仅在为城市赋能，也在为品牌赋能。

三、品牌与城市的碰撞：品牌泛化时代的新思考

在品牌泛化的时代中，个体是品牌，城市也是品牌，不同的主体似乎都有品牌化的倾向，那么在此进程中品牌发展应当探索什么？其实关键就在于找寻城市的独特气质，并利用城市叙事书写城市与品牌间的故事，而《上海半分一》则恰巧是探索品牌发展过程中的尝试。半分一

[素材来自半分一的用户朋友们]

《上海半分一》片尾素材

的品牌发展经历了不断的升华，最初的名字是"blank me"，一度使人认为这是国外的品牌，因此，"半分一"这个中文名也诞生了，但不久后品牌又将其与上海深度绑定，提出了"来自上海"的理念。而"半分一"与"上海"的结合其实就是品牌与城市碰撞。上海魔性十足却又柔中带刚，因此，上海在关于美的尊重、启发与守护层面上有发言权，上海永远能够使个体呈现出最自在的状态，这是独属于上海的气质，品牌会不自主地继承城市特有的气质，这种气质是在城市发展中不断与品牌相融合，自然而然形成的具有城市底蕴的美。美不是创造出来的，而是通过品牌不断挖掘并外化出来的。将城市的气质与品牌灵魂相契合，是品牌泛化时代下的新思考与新尝试。

品牌对于美的表达始终保持开放，品牌本身也是一种未定义的状态，不确切地定义美也不确切定义与世界的关系，保持开放，探寻未知。

——blank me｜半分一

透过半分一对自身的剖析，可以发现半分一的品牌理念中包含着对未知的接纳，这是半分一的精神内核。上海这座城市包容了形形色色的人和事，上海秋季的梧桐叶会飘落在上海的大街小巷，上海会包容落叶与行人共奏的秋音，这是独属于上海的浪漫气息，城市的调性和基于此发展的品牌息息相关。品牌的独特气质同样会吸引同频共振的消费者，疫情期间，他们同样能够在上海最需要帮助的时刻挺身而出，以自身力量去丰满这座城市。至此，上海为品牌提供了多元的氛围，半分一为用户提供了多元的可能，三者相互关联，品牌气质就此沉淀，完成了城市与品牌的嫁接。

四、塑造"共同体"：品牌存续发展的永恒动力

在《上海半分一》中，情感沟通贯穿全片。除了对于城市的客观呈现以外，还凸显人对城市的反哺。事实上，在"城市－品牌－人"共同体中，品牌能够成为城市与人之间的桥梁，充当催化剂的作用，并且品牌还有独特的优势，即其拥有受众群体，品牌可以借助片子对观众进行情感关照，传达品牌温情，从而赢得观众的认同感。换言之，品牌通过自身的传播渠道和影响力，可以将尚未形成共识的内容通过品牌传播传递给更广泛的受众，从而形塑群体认同。此次，半分一携手受众重塑上海的美，其背后所想传达出的核心内核就是上海硬实力强大的背后离不开软实力的滋养，所有人都在强调"大上海"，那么"小上海"才能真正表达出城市的实力。

并且由于品牌源源不断地增多，若想要使消费者形成共同的认知，那么形塑共同体是必要的过程。如今的品牌不能只是将消费者视为"被

动"的存在，单向度地将品牌理念传达给消费者。因为时代不断更迭演进，现在的品牌不再像以往一样被消费者一味地膜拜，如若品牌始终保持高高在上的姿态，会与消费者产生距离感，难以达到真正的融合。共同体讲求个体的代入性，品牌需要带给消费者陪伴感，当消费者代入了与品牌相互陪伴相互成长的感受时，消费者才有可能对品牌产生依赖进而形成深度捆绑。半分一巧妙地将城市、品牌、人聚合成一个整体，利用城市中的故事使观众产生代入感，拉近了品牌与用户的距离，将主动探索美丽妆容的另一半留给用户，不但体现了品牌对用户的尊重，还调动了用户的积极性，增强用户的参与感。

网友评论摘选

同时，随着网络的迅猛发展，使得文化呈现圈层化发展。与以往的消费者相比，现代的消费者没有统一的文化诉求，难以寻找到共同的群体记忆。正如迪克特·安德森在《想象的共同体》一书中提到的"民族是建立在公民的共同想象之上，他们构建了一个共同体的想象，即他们属于同一民族，共享共同的身份和利益。"品牌存续发展的关键就在于需要在难以寻找到群体记忆的时代，构建出一个想象共同体，使消费者感受到与品牌之间是以共生、共创、共享的方式共同成长。半分一以上海作为品牌的背书，将"城市－品牌－人"之间的关系聚合为一个共同体，调动了消费者心中的共同记忆与集体情感。短片通过对城市故事的描绘，擦亮了一直存在却一直被忽视的细节，同时，也透过镜头给予了这座城市中渺小的人更全面的呈现，将"城市给予人什么，人回馈了城市什么"的核心逻辑传达给观众。从更为客观的视角调动观众的情绪，这种代入感深化了消费者对于品牌的认可，也进一步转变为品牌发展的动力来源。在品牌的商业传播中，共同体的塑造是品牌存续发展的关键，而半分一对于共同体的形塑彰显了年轻品牌对于社会的深度思考，也是对跨越品牌生命周期的深度思考。

延伸思考
1. 为何需要通过小视角来把握大方向，其意义何在？
2. "半分归于城，半分归于人"其背后的核心意旨为何？
3. 在品牌泛化的时代中，城市具有品牌化倾向，个体、政府也具有品牌化的倾向，那么在泛品牌化的进程中应该探索的是什么？
4. 当今的品牌应当如何形塑共同体？

绕出生活迷宫，
寻求新营销玩法

品牌方： 浙江天猫技术有限公司
案例名称： 重启今日
创意执行方： 北京赞意互动广告传媒有限公司
上海国际广告奖奖项： 铜奖

《重启今日》创意海报

　　新品是品牌的生命线，新的营销是品牌与消费者沟通对话的必然。只有深度洞察社会、生活、品牌以及每一位消费者的需求之后，才能用新的力量传递出生活不断上新的主张。而追新则代表着人们对美好生品质的追求、积极向上的生活态度和期待未来的一种向往。

——浙江天猫技术有限公司

在光阴的岁月里，总有一些崭新破壳而出，一些垂老离去。当下社会的高速运转，人们深陷于忙碌的生活之中。总是无法及时关注到周围环境的新变化，被面临的各种压力所萦绕、牵引，无数次抱怨过生活的无聊，可谁知，生活中处处充满着惊喜等待被发现。往年三八节总是作为天猫三月的重要沟通节点，各大节点也早已被各类品牌共同营销数次。这次天猫感应到消费者疲软的状态，决心要尝试一点新玩法，为三月重新定义新的生活主张，向用户传达上新的心智，让人们发现生活中好的变化，主动求新求变。天猫邀请赞意一起打造出具有悬念剧情的广告——《重启今日》，依托新奇的表达手法与用户进行沟通。面对平凡大众的情绪变化，品牌应该如何创造新玩法，把握消费者的痛点，成为当下思考的问题。

一、别创一格：天猫跳出三月惯性营销

三月是一切重新开始的日子。随着春分的临近，三月代表着生命慢慢从冬眠中苏醒，空空的树枝上逐渐冒出新枝芽，各种迹象表明新生活的开始，新机会的出现。根据国家统计局官网发布的有关 2024 年 3 月的消费数据，全国居民消费价格同比上涨 0.1%，非食品类以及服装类的消费水平上涨。其中，由于刚过完春节，春装换季上新，所以服装的消费水平增强。而且受国际金价和油价上行影响，国内金饰品和汽油价格也增加。在春节后，外出游玩、旅游出行、食品等消费都在上涨，对于品牌来说也是走到大众面前、消费增长的好机会。数据彰显消费活力，随着人们慢慢进入工作状态，收入增加，消费对经济增长的拉动作用会逐步增强，呈现出消费蓬勃发展的迹象。

对于三月的营销，映入脑海的是对于关键节点的营销，如惊蛰、妇女节、植树节、白色情人节、樱花季等。这些老生常谈的内容已经让消费者出现了疲惫感，降低了对品牌的感知力。天猫这次跳出营销的惯性思维，洞察到了消费者的迷惘心态。当下有太多的信息、过多的内容可

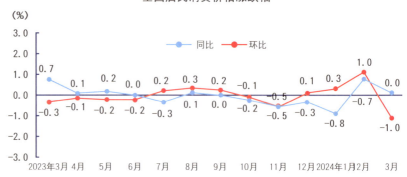

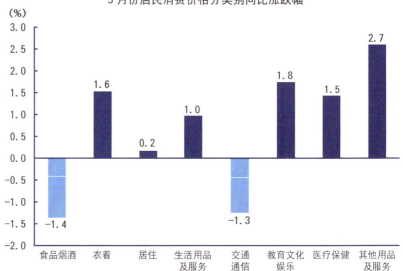

2024 年 3 月居民消费数据（数据来源：国家统计局）

供选择，而又面临着没有新意的生活内容。到底以什么方式才能勾起消费者的兴趣，并能缓解目前人们所担负的压力，这些问题激励着天猫三月上新月的启动。天猫将万物复苏作为此次营销的核心，传达品牌生活不断上新的新概念，用新的产品给予消费者新的感受。这有助于区别其他品牌与平台，在消费者心目中建立更加清晰的差异感与认知度。在天猫上线了新主张之后，作为新品发售的主频道，小黑盒收到的新品报名数量同比增长超 400%，刷新了近 3 年纪录。

天猫能够营销成功离不开对人群和品牌的深耕，离不开对消费趋势的洞察，能够深度掌握社会状态、消费心理与消费偏好。近些年，经济环境和商业环境都变得极其复杂，导致消费者消费决策变得更加理性，越来越注重产品的实际价值。消费者自身心态的变化正在重塑着消费格局。淘天集团也曾透露出，企业要围绕用户为先、生态繁荣、科技驱动三大战略，进行持续的发展。3 月上新月是开春的第一场重点大促。对于品牌而言，对趋势的追逐并不只是一个节点，而要建立常态化、成熟的机制来推动营销的持续发展。如今天猫延续至品类日 IP 月度项目、天猫超级新趋频道等进行周期化运营，以这些方式来助力品牌的长线运营。

二、情绪洞察：循环故事对话平凡大众

在天猫发布的《2024 年度天猫消费趋势报告》当中，揭示了消费者行为正在发生改变，强调了意义消费、情感价值以及数字创新在推动消费增长的作用。消费者在追求意义的消费背后通常是在对自我价值、社会关系和情感体验的追求。日子一天一天地过着，时间一点一点地流转，好像明天是崭新的一天。可又有谁心中能够预知接下来大致会发生什么事情，被困在时间里的我们该如何破出一条新路，找到生活的真谛，焕发生命的活力？面对当下人们对生活的精神内耗，以《重启今日》来破解循环命题，用一则悬疑故事来告诉大家，新生活不需要每天都不一样，而是要以积极的心态去拥抱生活。

"我叫李循环，看得出编剧很敷衍，但人如其名，这就是我的人生。"

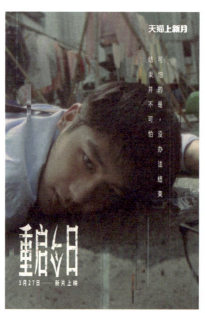

视频花絮照 创意执行方供图

　　日复一日的机械生活，摆脱 2 月 28 日的捆绑成为李循环的当务之急。对于影片中的李循环来说，他掉进了时间循环，一样的便秘、一样的牙龈出血、一样的余额不足、一样的掉了颗扣子，每天早上都会遇到下雨，会受到房东的问候，气哭打闹的小孩子，煎饼大叔已经记得自己的口味，甚至公司里同事几点钟说的话都是一模一样。他不停地寻找跳出时间循环的关键奇点，以为将自己的人生进行一系列反逻辑的思维、召集更多人一起把 PPT 完成，就能见到明天。不断地想要改变生活的一成不变，但结果还是摆脱不了困境。后来听了煎饼大叔朴实无华的

案例视频截图

话，顿悟了，每天既可以一样，但又有新的内容发生。不再纠结人生的大起大落，而是注重生活的小惊喜。

"那么在乎一样不一样干嘛，就像摊煎饼，看上去都差不多，但今天加点芝麻，明天用花瓣代替香菜，后天加几块臭豆腐，你看，这不每一天都是新的饼了么。新的饼了么。"

对于跳出循环的转机，赞意希望它足够平实。新生活并没有神秘莫测，一点也不遥远，而是蕴藏在我们的日常生活中。可能就在转眼瞬间，等待着被发现。在剧情中，摊煎饼的大叔并不像上帝从一开始就知道人生的奥秘，同样与主角一样深陷循环之中，而是在不断地与循环命运进行对抗，每天一点一点地做出新变化。我想你一定吐槽过生活怎么那么无聊，一定会产生生活无聊的苦恼。其实每一天的花瓣、雨水、空气都是新生的，如同溪水流淌着，缓慢但快乐。当你把生活的期待值分解，期待周末的出游、每天办公桌的小变化，就如创意的原点来自陈绮贞的一首歌，"今天重复昨天，星期六有个约会，是我唯一能期待的明天"。生活里重要的内容，或许从来都不是深刻的、绚丽的，我们需要在平淡的生活寻找小的意义，注入生活的动力与生机。

三、悬念营销❶：组合性推广拔高传播力

　　《重启今日》是一个具有悬念的时间循环故事，在多平台联动宣发，发酵并引爆话题，形成营销闭环，非常具有传播力。作为一个 8 分多钟的视频广告，选择尝试创新营销渠道，赢得 C 端用户的情感共鸣。将 B 站选为投放的主要阵地，并且联合 UP 主进行宣发。目前，视频已经播放量突破 120 万 +，总互动突破 12 万 +。数据在持续发酵，不仅能够助力天猫上新月理念的露出，还能够借助平台的互动性质来提高品牌与网友的互动效果。同时在其他平台进行多角度解读《重启今日》的剧

---

❶ 悬念营销：将一个完整的故事情节进行创意分割，并不像传统的方式一一展现情节走向，而是通过设置悬念的方式来吸引受众的关注。1984 年苹果的一支广告奠定了其后续的营销理念，也开创了广告不是"有一说一"的思维方式。再如，方太在《京华时报》连续投放了三天的整版广告，分别打出三个自创的生僻字，难倒了整个学术界；南方黑芝麻糊在《南方都市报》上投放的广告，第一天全版全黑，让观众以为印刷失误，第二天则揭晓谜底，这是为新品黑黑乳进行的宣传造势。传统广告是一股脑地将信息输出给消费者，容易使得消费者遗忘，而借助悬念的方式能够引爆话题传播，在短时间内成为网络热点，同时也为产品与品牌带来神秘感，体现出产品之间的差异，增强品牌竞争力。

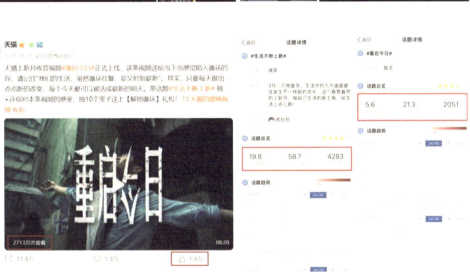

营销数据 赞意公众号供图

情，收获到包含梅花网、数英、广告门 APP 等多个行业大号在内的数十个自来水自发盘点扩散。在微博上进行话题讨论、发布视频物料，引发网友们围绕循环、宝藏、天猫上新月等关键内容进行讨论。最终凭借广告的创意，获得了行业内的认可与赞誉，获取了用户的喜爱。利用这个特殊的时间节点，了解当下真实的社会生活，洞悉群体的社会心理，切入角度新颖突出，设置悬念引人深思，又输出积极的人生观念，完美地诠释了生活不断上新的主张。

早在 1984 年，苹果为了宣传新电脑，制作了一部没有透露品牌信息的广告《1984》。苹果的这部悬念广告为后续的营销奠定了基础，也让广告找到一种别具一格的讲述手法。此次的《重启今日》，在视频中没有直接彰显品牌，而是设置了无数个让人猜不透的小悬念。我们会想主人公到底怎么样才能跳出循环，广告主是谁，这些疑惑也是激发用户积极参与的动力。

"求知欲，好奇心，是人的永恒的、不可改变的特性。"这彰显出人们对于事物拥有无穷的好奇心，只要抓住这点就能使广告脱颖而出，找到观众。当下互联网时代，是一个便捷的时代，能够随时随地地获得想要的讯息，同时也是信息冗余、注意力稀缺的时代。广告想要吸引观众的注意力绝非易事，需要在剧情上引人入胜，还要保持观众对于视频的讨论度、引领用户的自传播。于是，制造悬念成为品牌获胜的不二选择。悬念营销不同于传统广告对于商品信息的直白露出，而是为自己留有余地，耐人寻味。保证后续用户的参与、讨论和再传播，不仅能够放大产品的价值，还能够搭建品牌与用户沟通的桥梁，实现二者的高效链接，提升传播效果。有些广告在看时令人云里雾里，看完才感受到它的魅力。每一种悬念的背后都是品牌以及创作者对理念深思后的二次建构，将有价值的信息传达给观众，这极大地降低了用户的抵制心理，从而达到更好的宣传效果。

四、把握趋势：情绪价值❶主导新消费

消费需求的进化仍然是驱动线上消费和社会整体消费增长的重要驱动力。对于品牌来说，把握消费需求是十分必要的。现在数字技术的进步一方面为消费者提供更多的选择，另一方面也为企业了解消费趋势提供了便利，能够更好地满足多元的消费需求，以及为新的增长机会带来了新的可能性。从 2023 年的一些热门词汇来看，如多巴胺穿搭、解压消费、电子木鱼、city walk、寺庙经济等大多是与年轻人的情绪相关。年轻人可以在平时不追求高奢产品，但精神必须富足，消费者也从单纯的购买物品转变为能够为自身带来愉悦的参与者。一个产品如若能为消费者带来幸福，一部分是因为产品的实用价值，另一些则是在颜值上出众受人喜欢，为消费者带来良好的视觉效果，要么是可以激励受众的情绪，触发新体验感。当然当下的消费者在消费时更加注重性价比，看重产品的品质以及实际效用能够带来的价值，在购物的时候不再冲动，而是会理性地选择。

品牌掌握营销密码的关键是，把握消费者的情绪价值。首先洞察消费者深层次的需求后，要以创意手法进行表达，在视觉上抓住用户目光。然后输出品牌价值观，心灵上与目标群体进行碰撞，达成情感上的交流。其中找准消费者的情绪痛点尤为关键。可以借助当下的大数据搜集用户在各个平台上留下的痕迹，收集大众情绪信息，通过深度剖析社会情绪，提炼出情绪亮点。当然，还要考虑品牌的产品或者价值理念是否与情绪切入点相契合。有时把握了情绪痛点，但与品牌调性不符，会造成突兀的现象，难以达成最终效果。

---

❶ 情绪价值：指个体在进行情绪体验时获得的主观价值感。它包括积极情绪，如快乐、激动、兴奋等，也涵盖消极情绪，如悲伤、愤怒等。情绪价值的高低取决于个体对情绪的评价，当然也受到文化、环境等因素的影响。在飞速发展的当下，产品的质量、功能等差异较小，建立情绪价值已经成为各大品牌竞争的主阵地。

品牌传达情绪的方式也是成功的一环。品牌讲故事可以获得消费者的情感认同和情感共鸣，就是以生动的方式来传达品牌的文化、理念。就如此次的《重启今日》发现了社会群体当下的需求，用大众人生的缩影来创造一个故事，获得观众的认可。品牌也可以在产品上发力，进行情感设计，实现情感烘托。如天猫三月不断推陈出新，通过对趋势的多维度解读，为消费者种草新产品。此外，在社交互动、提供个性化服务、创造新活动等方面都可以增强用户的参与感与快乐感。品牌应当高度重视社会群体的情绪，将塑造情绪价值作为一种长期的发展战略，不断完善与维护升级，才能够在茫茫竞争者中脱颖而出。

参考文献

[1] 杨勇，马钦海，谭国威等：《情绪劳动策略与顾客忠诚：顾客认同和情绪价值的多重中介作用》，《管理评论》，2015 年第 4 期

延伸思考

1. 为什么天猫转变核心主张，将 3 月作为节点营销更改为上新月？

2. 你认为悬念式营销的价值与优势是什么？在营销之中如何设置悬念，请为某一品牌策划一部悬念广告。

3. 在当下信息爆炸的时代，请你谈一谈广告如何能够快速获得消费者注意力。

4. 你认为现在的消费者有什么新的消费偏好？根据新消费行为，品牌应该有哪些创新？

征战东南亚，
金融科技的新出口

品牌方： 瓴岳
案例名称： "Easycash 生活不指难" 系列
创意执行方： 上海动观文化传播有限公司
上海国际广告奖奖项： 银奖

easycash 产品 logo

"安全、快捷、简单" 是 Easycash 最直观、最具有说服力的特点，这次以幽默的方式传达品牌价值，诉说产品的功能点，更加拉近品牌与印尼消费群体之间的距离，让人们在愉快的情绪中感受品牌的魅力。

——Easycash

　　当国内流量放缓、人口红利增速缓慢、市场竞争激烈时，品牌应该如何自处？瓴岳科技与动观广告公司联手打造了一款独属于印尼人群的"印式广告"，链接现实生活中的创业、买车、对美好生活的追求等，将真实生活与用户资金需求进行融合。作为一支品牌周年性的广告片，以东南亚人群喜爱的泰式无厘头形式呈现。利用反差感来展现出产品贷款效率高和安全快捷的特点，期望获得受众的认同感，并在目标群体的脑海中留下深刻的品牌记忆点。接下来我们一步步拆解出由 0 到 1 的创作过程，探寻品牌走出国门驻扎新环境面临的机遇与挑战。

一、品牌出海❶：寻求新的商业赛道

东南亚是金融科技的出海圣地，而印尼是出海东南亚的第一热土。伴随着中国金融科技快速发展，2018年成为金融信贷科技出海元年，国内大量金融企业纷纷出海，并通过输出成熟的商业模式和技术实现业务扩张。目前国内的金融产品层出不穷，领头品牌占领了大部分市场，瓴岳作为一家以大数据和人工智能为主的金融科技集团决定出海印尼。印度尼西亚是个美妙的国家，它的人口结构比较年轻、人口基数较大，是东南亚各国中数字经济发展最为快速的国家。同时国家的金融监管较为规范，可以避免劣币驱逐良币的情况，社会环境相对稳定，为金融科技提供了较大的发展空间。

品牌出海的机遇与挑战并存。走进新的市场环境，面对不同的用户群体，需要因地制宜。瓴岳科技这款金融产品如今已经成为印尼的头部品牌。但对于一个进入印尼市场的外资品牌来说，面对的不仅是新的市场环境，还要应对政府对民族品牌的适当保护。公益是展现品牌责任心的最好方法。品牌经常会做一些公益活动，资助贫困学校助力孩童能够走进课堂、特地到养老院关注老年人的身心健康，帮助他们解决生活上的需要，体现品牌社会责任感的同时，也在帮助品牌与当地人民深切沟通，了解当地的社会环境。以建构社会议题的方式走进人们视野，调动印尼人民的参与互动，避免品牌的单向输出，使品牌真正走进大众生活。同时需要在符合市场监管的情况下，扩大自身的市场规模，逐步成为行业内的佼佼者。"生活不指难"这个系列作为品牌的周年性广告，

❶ 品牌出海：指企业在国内建立起良好的形象，依托线上和线下的方式将产品拓展到国外市场，拓宽企业的商业空间，寻求更多的发展机会与市场份额。在迈向国际市场的道路上，品牌不仅需要将产品做到优质，还需要结合当地的文化特色进行有的放矢的输出。这需要了解当地的文化以及市场的动态，洞察目标群体的需求，发现问题并及时调整，这无疑是企业开创新的商业赛道的一种选择。

一改硬核的向消费者传达金融产品功能价值，第一次以故事线的方式进行呈现，让受众边捧腹大笑边直观地感受产品特点。

2024 年，出海继续加速。从 1978 年开始，中国企业在全球舞台上崭露头角，历经 40 余年，中国企业在技术、商业模式、产品质量等方面日趋成熟，在出海领域取得了重大突破。在全球化的浪潮中，国内的消费赛道竞争激烈，反观国外不少市场尚属空白，品牌出海成为新的出路。人口数量庞大、年轻人聚集共同营造了东南亚消费市场良好的局面，以至于东南亚成为当下众多企业出海的首选地。但是东南亚也是一个典型的高度分散市场，各国的政策、货币、语言、文化等都有所差异，这就需要品牌做好充分的调研，追求本土化策略。当下不仅是金融科技，新能源汽车、游戏、手机、智能家电等诸多领域也加速开拓全球市场，出海浪潮势不可挡。当然出海热也需要冷思考，目前仍然面临由于信任缺失所带来的系列困境，海外消费者对中国品牌存在刻板印象，营销作为品牌建立用户信任的工具仍需要投入大量成本，品牌开拓海外业务时，需要扎根当地才能对市场和消费者进行深度理解。这些都是企业未来所面临的问题。道虽迢迢，行则将至。

二、品牌建设：内容输出回归长期主义

喜剧、有梗的方式比单纯的喊口号更容易让用户接受。对于金融行业来说，经常接收到的是负面舆论，受到网民言语攻击也是常有的现象。但这次广告收获到超过 1200 万的总播放量、总点赞量超过 60 万、总评论量超 5000 条，一改以往的批评言语，网友的评论转变为十分有趣、有意思的风向。幽默广告是调动受众情感、获得好感的有利方法。瓴岳科技在传播策略方面具有自身的特点，首先视频主要投放在品牌官方的 APP、官网以及所有相对应的社交媒体上面，如 TikTok、Facebook 以及 Insgram 等平台。其次品牌会购买相应的版位来引流，此次设置了

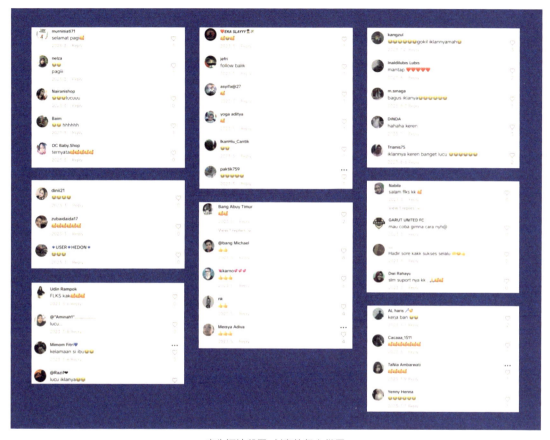

广告评论截图 创意执行方供图

Google 、YouTube 的开屏版位。开屏广告具有位置优越性和强曝光性的特点，能够先于内容抓住用户的第一眼实现印记效应，满足拉新流量和输出品牌形象的需求。最后在新片场官网上会同步视频进行第二次传播，通常来说品牌广告在媒介上集中投放是一次传播的头部，短时间内传播量会很可观。但随着时间的推移，二次传播会形成长尾效应，这个长尾会逐渐累积并超过一次传播的效果。

抛弃信息流广告[1]，第一次尝试品牌广告。2022 年是品牌的 5 周年，在创办的 5 周年时段里，花费大量的时间与资金在信息流广告上，依靠的是一些短、平、快的内容，将产品的功能点与利益点一股脑地输给受众。目前，品牌已经积累了一定的用户群体，用户规模已经十分固定，难以突破自身的局限扩大用户规模。这次主要以故事线为主的广告，减少产品的功能性介绍，在认知层面吸引受众，产生记忆点。在未来的某一天，在对此类产品具有需求的时候，首先想起来的产品就是瓴岳科技。虽然在做品牌性的广告时，短期之内是无法获得直接效果，不会在短时间内帮助品牌获客，但是能够认清流量营销的本质。选择长期主义才是正道。

品牌建设才是企业的终极目标。在不确定性加剧的全球化市场中，打造可持续性的品牌生命力至关重要。大胆设想下一支周年性的广告影片该如何续写品牌故事？延续无厘头的搞笑风格、丰富故事设定、拓展更多的真实情节、搭上社会热点……再如注重与用户的互动形式，从线上走向线下。同时在数字技术发展迅猛的当下，融合技术，为用户提供新的呈现形式与体验感。如何在夹缝中突出自身优势，就需要回归长期主义，使品牌的生命周期拉长。未来的发展，不仅要输出产品的独特卖点，保持品牌步调与市场一致，在有效的平台进行营销策略的转变，同时还要创造出自身的企业文化，走可持续发展道路。

三、以笑化冰：用幽默化解信任危机

泰式无厘头的幽默感可以直击印尼人群的笑点，自然地拉近与观众之间的距离。"生活不指难"系列由 9 则小短片组成，影片还通过把控

[1] 信息流广告：指在用户注意力最集中的区域放置的广告，一般夹杂在用户浏览的内容当中，容易被读者忽视掉。它的种类纷繁复杂，分布广泛，可以分为新闻类、社交媒体类、视频类、浏览器当中等，信息流的产品功能属性决定了广告的使用场景。当下互联网时代，信息流广告野蛮生长，可以通过用户的兴趣、性别、年龄等多维度地对用户进行定向投送，具有隐匿性、针对性、互动性以及智能性的特点。

拍摄花絮图 创意执行方供图

节奏和制造反差为受众带来快乐。搭配上当地演员对剧情的夸张化展演，将各种借贷、还贷遭遇到的阻碍，以及现实生活中人们对资金的真实需求展现出来，确保让受众在欢快中记住产品的特点。主角快速地刷牙、直接吃生鸡蛋代表快速吃饭、用一杯水泼脸上方式来快速洗脸、跳

拍摄花絮图　创意执行方供图

阳台走捷径式的下楼等展现出产品借贷快捷的特点。结尾处因为骑车太快而被车撞飞，但是瓴岳科技还款却可以慢慢来，利用情节对比手法来把控对产品快慢的需求。深度挖掘用户的需求，将缺钱这一亘古不变的生活痛点表现出来，并以呈现出传统借贷的不足来突出产品的优势。同时影片的整体色调主打暗色系，灰灰的画面，低反差色彩是泰式广告的一大标志，这也无形之中击破观众的心理防线。

金融产品用幽默广告●还能让人信服吗？在饱和度很高的广告市场，幽默诉求的广告是最快速吸引受众注意力的策略。"巧妙运用幽默就没有卖不出去的东西"，幽默广告创造了一个轻松诙谐的氛围，松弛紧张的神经，自然地将受众带入到情境之中，愉快地接受着广告传递的信息。瓴岳科技的受众群体主要是 25—40 岁的男性群体，该用户诉求传统上是侧向于理性层面，而广告是采用泰式幽默的方式。在国内，人们会追求安稳的工作，过上稳定的生活，一切都按部就班地发生。而印尼大部分人拥有及时消费、及时享乐的特点。在印尼的大街小巷会看到人们躺在躺椅上、摇曳着手里的风扇享受着阳光的照耀。虽然金融产品功能上偏向理性，而当下的消费者越来越关注情感需求。这就需要在认知维度上不能以枯燥的、平铺直叙的方式讲产品，应该采用有趣的、差异化的内容吸引他们的眼球。当然，幽默也是在规避红线、限制范围内展开，阐述产品的安全、快捷、简单核心信息点。消费者往往会对金融产品带有疑虑和不安，而幽默广告可以短期内缩短产品与人的直线距离，打破内心的戒备防线，不仅能够有效地传达信息，还能提高人们记忆点。

四、跨国协同：深化本地融合，共创增值效应

跨国合作旨在创造协同效应，使多方的联合努力比单独行动产生的效果更加卓越，即实现 1+1 > 2 的增值效果。对于一个进入新市场的品牌来说，能够有助于品牌接触到多样的潜在消费者，扩大市场份额，同

● 幽默广告：指利用幽默的方式来进行广告创意，也是感性诉求的一种。幽默广告是一种间接的、以诉诸情感的手法输出产品的信息，这样能够极大的降低人们地防备心理，同样以幽默风趣的来吸引观众的注意，在愉快、兴奋的情绪里记住品牌信息，接收品牌的文化。

时还可以降低广告成本。通过资源互补的方式，发挥各方的优势，实现利益最大化。但享受益处之时也面临着诸多挑战，文化、市场监管、语言沟通等障碍。

一支十几分钟的短片，背后的辛勤付出和困难是难以言喻的。广告拍摄可谓是困难重重，疫情的阻挡、地头蛇的牵制、沟通问题以及文化冲突等，接踵而至。好在历经一个半月的磨合，团队攻破难关将产品完美产出。2022 年还是疫情严重的时候，为了嫁接与目标群体的关联，制作团队毅然决然带着器械深入到用户的真实生活中去。当时，国内的防疫管控十分严格，仍然需要层层把关，测核酸、隔离、健康码样样不能少。而印尼却是完全开放的状态，病毒已经蔓延到随处可见的空气里。人人中招已是在所难免，但没想到疫情感染却是所有阻碍中最微不足道的麻烦。

成功拍摄一部影片，离不开天时、地利、人和三方面的默契配合和全力支持。首先面对的是天时的挑战，这里的天时不只是气候环境的作用，包括把握拍摄时机与当地特殊环境的处理。印尼是一个多元化的国家，其社会环境和政治氛围会影响拍摄进程，例如要避免在敏感时期和重大活动期间进行拍摄。其次在地利方面，印尼的拍摄场地管理严格，每一个区域都有相应的规则，比如除了要向印尼政府申请拍摄之外，所属辖区会有相应的帮派之争，打点帮派也是必须要做的。最后，人和也是跨国挑战之一。印尼演员的生活习惯较为随性，缺乏表演的系统训练，这导致他们在工作中出现悠闲、懒散的态度。导演需要采用特殊方法，如预先进行剧本的视觉化展演，对演员进行直观的指导，才能帮助演员更好地理解角色和场景要求。

随着全球化数字技术的发展，跨国协作在广告领域中的运用更为重要。走进一个新的领域，需要重新塑造形象与定位。这就要因地制宜，首先需要掌握市场机制以及政策，除了遵守当地规则之外，还要适应目标市场的需求以及价值观。其次要把握目标消费群体的生活习惯、消费行为以及消费偏好，深入当地的文化，探索新的可能性。未来，跨国协作可以通过大数据、人工智能等先进技术来提升广告的效果与客户体验。当然，品牌出海并不是一蹴而就的事情，这个漫长的过程中需要有不断地坚持与试错的勇气，这是一场充满挑战和机遇的冒险之旅。

参考文献
[1] 黄敏学，张皓：《信息流广告的前沿实践及其理论阐释》，《经济管理》，2019 年第 4 期
[2] 李彪：《信息流广告：发展缘起、基本模式及未来趋势》，《新闻与写作》，2019 年第 10 期

延伸思考
1. "Easycash 生活不指难"系列广告为什么选择将理性的金融产品运用感性的手段呈现？怎样平衡幽默与信赖感之间的矛盾？
2. 你认为泰式无厘头广告的优点是什么，在对于品牌建设方面的作用是什么？
3. 在东南亚地区金融出海的现状如何？品牌应该如何选择出路，能否将目光投射到海外？
4. 你认为跨国创意的优势与困难是什么？

文化自信与品牌认同

古老文化与现代广告营销模式的融合

科技与传统艺术交织，创造视觉与情感的双重盛宴

连接品牌与创意的桥梁，一支广告的台前幕后

古老文化与现代广告
营销模式的融合

品牌方: 广西北投产城集团
案例名称: 广西三月三非遗"纹"风 韵传八桂
创意执行方: 广西北投产城投资集团有限公司
上海国际广告奖奖项: 银奖

《非遗"纹"风 韵传八桂》活动海报

　　广告创意应既新颖又接地气,既能吸引观众眼球又能引起情感共鸣;同时,广告内容要紧密结合企业的特点和定位,确保信息的准确性和有效性;最后,广告的执行和投放要精准高效,以实现经济效益的最大化。

——广西北投产城投资集团有限公司

如何为一个城市做广告？相信大家多会选择从城市的历史与文化底蕴入手，而当我们在选择历史与文化的切入角度时，如何找到一些独特的专属于该城市又能给人留下深刻印象的角度？在数字广告的背景下，非遗纹样的古色古香如何融入现代的城市烟火？让我们通过广西三月三这一营销活动，来看一看广西北投产城是如何用非遗文化为广告营销搭建起骨架，同时整合多渠道营销链路，达到广告营销多方要素融合的和谐之境的。

一、从朴素纹样中窥见城市之美

自 2006 年国家颁布第一批非遗名录至今，非遗在国内已经走过了19 个年头，越来越多的企业意识到中国这片广袤的土地上蕴藏着丰富的文化宝藏。北投产城集团是广西本土情怀国企的代表，在相关品牌推广上一直致力于深耕广西，在营销策略的选择上，广西北投产城集团常从东方文化资源中找寻灵感，这既是对地方文化资源的有效利用，也是顺应政策导向，符合国家倡导的文化自信和文化强国战略。

在广西诸多非物质文化遗产项目中，比起美食、曲艺、舞蹈这些令大众更感兴趣、观赏性更强的非遗项目，广西北投产城却选择了"冷门"的纹样作为 2023 年三月三节日营销的主题。

纹样，这项看似低调的非遗项目其实和广西人民的生活与文化紧密相关。纹样作为广西传统艺术的重要组成部分，代表了壮族乃至整个广西地区的历史、信仰和生活方式，每一个图样背后都有丰富的故事和文化寓意。选择纹样作为营销主题，实际上是在强调广西深厚的文化底蕴，有助于提升活动的文化格调，使其超越一般娱乐活动，成为传播广西文化的重要载体。

纹样虽常见于城市车站、建筑楼宇、民族服饰等场所，这项非遗项目却由于年代日益久远、话语方式更迭，落入看而不见、见而不知、知而不深的传承困境中。广西北投产城将节日营销聚焦于此，恰恰体现了对传统工艺和美学的尊重，以及对细节的关注。

以情怀为基调的北投企业希望为消费者提供一种超越物质的空间，纹样恰好承载了广西人民的情感记忆和生活痕迹。通过纹样，消费者可以感受到一种强烈的归属感，那一个个繁复的花纹仿佛带领消费者走进了一个充满故事和历史的空间，增强他们对项目的认同和情感纽带。纹样不仅是视觉元素，更是品牌故事的一部分。通过纹样的解读，可以讲述一个关于广西历史、文化和生活方式的故事，使消费者在购买房产的同时，也购买了一段独特的生活体验和文化情怀。

二、巧借文化资源助力企业发展

广西拥有广泛且深刻的民族文化根基，无论是桂剧、彩调，还是壮族歌圩，无论是桂南采茶戏，还是壮族织锦技艺，处处体现着广西传统文化的多彩。北投产城始终坚持扎根广西，以"深挖广西文化，强化城市认同"为核心导向，积极将广西丰富的非遗资源与节日庆典相结合，以创新的方式传播广西深厚的文化底蕴，与城市文化共生、共创、共荣。

不仅是本次三月三的活动，在全年的推广中都可以看到广西北投产城巧借文化之蕴进行营销：中秋节作为中国最重要的传统节日之一，北投产城集团联名广西知名企业南方黑芝麻集团推出中秋限定礼盒，打造"天庭送福"专场团圆直播，不仅满足了消费者的节日需求，也展现了广西中秋文化的丰富内涵；在专属中国人的春节里，广西北投产城也通过四位"幸福回家人"的回乡视角，将广西较有代表性的壮话、白话、桂柳话、客家话以及民俗、在地文化等元素融合起来，推出系列龙年贺岁剧情短片，献给每个幸福回家人……

中国的品牌其企业文化或多或少都会与中国传统文化背景相关。在

本次营销活动关于纹样的海报

中国这个广袤而深邃的文化宝地上，有着太多的文化资源。那么，究竟应该如何利用好文化资源，让它成为企业风骨的一部分，而不是简单地在营销文案中堆砌一些华丽古朴的词藻。

从广西北投产城深耕当地民俗文化的经验中我们可以总结到，在决定利用文化资源进行营销之前，首先要深入研究和挖掘自身项目所在地的历史文化，将其融入建筑设计、社区规划和营销活动中，打造出具有地方特色的项目。只有对文化深入了解后才能做到运用于无形，避免生搬硬套，真正地将文化底蕴融入企业价值观中。

其次，长期且持续地使用文化相关主题有助于形成品牌的长期价值。如果一个企业的营销活动长期与文化主题绑定，消费者会将这种文化内涵与品牌紧密联系起来，形成忠诚度。广西北投产城就将广西文化融进了自己品牌故事当中，例如参与地方重大工程的建设过程，或者与地方文化活动的紧密联系，构建起品牌与地方文化间的深层次联系。

在数字时代，互联网平台能够带来的流量和传播效益是巨大的。品

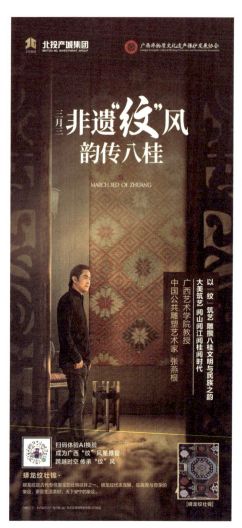

《非遗 "纹" 风 韵传八桂》部分海报

《非遗"纹"风 韵传八桂》部分海报

牌也要充分利用社交媒体和数字平台，正如广西北投产城积极利用互联网平台发布多形式内容，如图文、视频、直播等，提高品牌曝光度。

三、覆盖全营销链路的多渠道整合营销

在竞争越来越激烈的市场环境下，单渠道的营销方式已经很难取得理想的效果。以地产行业为例，随着市场饱和度的提高和竞争加剧，单纯依赖高周转和快速去化的单一营销推广策略已经不足以满足消费者日益增长的个性化需求和对生活品质的追求。以往单一途径的直接营销方式可能侧重于价格优惠、地段优势等硬性卖点以及地产买卖相关的平台，但在消费者愈发重视生活品质和文化内涵的背景下，这种策略的吸引力可能会减弱。

多活动整合营销能够提供更为丰富的体验和情感连接，让消费者在参与活动的过程中感受到项目的独特价值。然而，这种统一整合多种资源的营销方式也对广告提出了更高的要求。

从策划创作上来说，在内容策划、文化格调、传播渠道的选择上，整合营销相比单一渠道的营销活动都面临着更大的挑战。在内容策划上，需要团队多方寻找合适切入点，通过实地考察、业界人士访谈、资料查阅等进行内容敲定，才能在合适的节点推出相应的营销活动。不同渠道的内容涉及视频、海报等多种形式，内容丰富但要求统一，要求团队有强大的创意能力和高效的内容管理能力。除此之外，还要选择最有效的传播渠道，既要覆盖广泛受众，又要确保信息精准传达，也需要团队结合企业费用状况对用户使用习惯进行传播通路合理安排。

在项目的落地执行上也面临着巨大的挑战。本次三月三营销活动是作为传统地产行业的广西北投产城在日新月异的营销环境下首次尝试引入 AI 技术，这需要找到合适的合作伙伴并进行多次试验以确保用户体验和效果；其次，由于涉及多方外部资源，如艺术家、技术团队

等，沟通协调成为关键，需要细致的计划和良好的信任关系。反映到资源整合上就出现了一个明显的困境——版权问题。本次活动特别邀约纹样工作者黄清穗、建筑艺术家张燕根、非物质文化遗产壮绣传承人蓝淋等人参与联合发声，需要处理好纹样作品的版权问题，同时尊重艺术家的意愿，确保宣传活动合情合理、合法合规。

虽然多活动整合营销因涉及更多的资源调配和活动组织，在初期投入较高，但通过激发用户在营销活动中的深度参与，更容易形成消费者对品牌的认同和情感纽带。同时，优质的活动体验会促使消费者主动分享，成为品牌的免费宣传者，降低获客成本。长期来看，这种策略有助于培养客户的忠诚度，提高品牌认知度，形成稳定的销售来源。

考虑到地产行业的现状和消费者需求的变化，多活动整合营销在塑造品牌形象、提升客户体验和建立品牌文化价值方面性价比可能更高。但这并不意味着单一的营销方式完全过时，而是需要在不同的市场阶段和目标客户群体中灵活运用，找到最适合的营销组合。

四、三月三——独属于传统文化的节事营销

广西北投产城所做的诸多营销活动不仅是为品牌做广告，更是为广西这个城市做广告，这背后，有广西北投产城作为地方国企与生俱来的浓厚乡土情怀，更有当地政府为发展地方经济、提升地方形象与格局的努力。

三月三，其正式名称是上巳节，源于先秦时期，自唐宋以后，"上巳节"习俗逐渐变冷，民国时"寒食""清明""上巳"三节呈现合并趋向，最终"上巳""寒食"两节并入"清明"，渐渐地在中国大部分地区鲜为人知。

2014 年，贵州省镇远县、广西壮族自治区武鸣县的报京三月三、壮族三月三被列入第四批国家级非物质文化遗产代表性项目名录；同

年，广西自治区党委、政府将"壮族三月三"确定为广西法定假日。

从最初宗教祭祀的日子到被并入清明节再到被西南民族地区重新重视起来，这几千年的节日发展历程是中国劳动人民对封建迷信祛魅的过程，近年来被列入非遗名录、确定为地方法定假日，更是政府带领人民追寻文化之根，铭记中国传统文化和少数民族习俗的过程。

随着淄博、东北等网红城市和地区带动旅游业的爆火，各地政府和文旅局在城市宣传上不断进行着新尝试。本次案例本质仍是一个商业广告，但我们能够从其对广西文化的挖掘和呈现背后看到当地政府的推动和助力。

要对当地文化进行宣传，首先要对其有深入的研究，包括历史故事、传统习俗、象征意义等，将传统文化元素以现代视角重新诠释，使之与当代审美和生活方式相连接，避免刻板印象，让传统看起来新鲜且相关，再从其中找出与品牌理念契合的部分，选择最具代表性和吸引力的文化元素，如吉祥图案、成语典故、节日习俗等，作为广告的主题或隐喻。

淄博等网红城市的爆火无不借助了互联网短视频的巨大流量。我们很难在如今的市场环境下看到完全脱离数字形式的广告，本次广西北投产城也充分借助了科技手段创新表达方式。例如在广告互动上，不仅是利用 AR、VR 等技术使现在的广告更具真正意义上的互动性，让消费者在虚拟环境中体验传统文化，增强广告的沉浸感和参与度，更是在社交媒体上发起与传统文化相关的互动活动，鼓励用户分享，同样也是数字广告互动性的体现。从传播上，能够跨平台增强传播力，利用社交媒体、短视频平台、搜索引擎广告等，确保广告覆盖广泛，同时保持内容的连续性和一致性。在广告的投放过程中，也能对内容进行监测与优化，通过数据分析了解广告效果，根据数据调整后续营销策略以提高传播转化效率，比传统广告能够更好地触达目标受众。

展示广西城市魅力、呼吁人们更多地关注非遗，这是企业弘扬中华优秀传统文化的社会责任感的体现，也是当地政府在本地龙头企业为旅游业发展出力上的推动。推广广西城市魅力和非遗文化是一个长期而持续的过程，企业需要明确自己的核心价值观和长期发展目标，结合政府指导和发展方向，长线看待自身经济利益与社会文化推广之间的平衡。

　　本案例或许不如许多商业广告有创意、能给人新鲜感，甚至有些厚重沉闷了。但这厚重，正是文化的厚重，正是有当地政府对广西文化的重视，推动企业将文化与广告宣传相融合，才让人们在当下网红迭起的浮躁社会中重新审视这存在于身边却总被视若无睹的文化瑰宝。

　　广西北投产城集团诞生于广西的文化土壤，在企业成长的过程中汲取着并不断巩固着广西的文化基因。或许它并没有刻意想为这座城市歌颂什么，只是生于广西，呼吸着广西的空气，嘴里自然也说着广西的话了。这挖掘城市记忆的严谨、将营销活动与当地文化基因紧密连接的初心，或许正是打动所有广西人的最真诚的举动。

2022 年广西北投三月三营销活动介绍海报

延伸思考

1. 在选择广告创意的切入点时，我们需要找到一些创新的角度，但这并不意味着越冷门越怪异越好，否则会导致消费者难以理解，造成认知偏差。在选择广告营销的切入视角时应如何将广告创意性与受众的认知相匹配？

2. 你的家乡有什么非遗项目？如何借助这些非遗项目为你的家乡城市进行推广？

3. 你同意本文中文化底蕴与广告营销的关系吗？有没有更好的方式在利用文化作为广告营销活动背书的情况下获得更好的传播效果与转化效果？

4. 整合营销和单一营销方式对不同的企业以及不同的时期的营销活动有着不同的效果，请你分析一下两种不同营销方式所分别对应的企业类型。

2022 年广西北投三月三营销活动介绍海报

补充材料

在三月三这个特殊的节庆时期，广西北投每年都会抓住节日进行营销策划。2022 年的三月三营销以非遗文化为助力、公益助农为核心，既在一个个民俗小活动中推广了当地的文化，也呼应了脱贫攻坚战略，不断巩固脱贫攻坚成果。

2024 年广西北投推出的三月三营销活动以色彩为主题，融合人们日常生活穿着与建筑，溯源原始色彩在生活中由传统发展为新锐的历程，让北投产城建筑与独特的广西民族色彩形成情怀共鸣，让广西人民具象化感受品牌对生活美学的极致追求。

科技与传统艺术交织，
创造视觉与情感的双重盛宴

品牌方： vivo
案例名称： vivo X90 Pro+ 影像实验室之皮影戏《哪吒闹海》
创意执行方： KARMA
上海国际广告奖奖项： 银奖

上海国际广告节官网供图

　　跨界的创意构想为传统文化的传承和发展注入了新的活力，也让人们重新审视了现代科技与传统艺术之间的关系。

——KARMA

当现代科技与传统艺术相遇，会擦出怎样的火花？vivo X90 Pro+ 与皮影戏的合作为我们揭示了这一奥秘。这场科技与文化的碰撞，不仅是一次对极致影像的追求，更是一次跨越时空的艺术对话。vivo X90 Pro+，作为手机摄影的佼佼者，以其卓越的 4K 超感"夜视仪"功能引领着夜间拍摄的新潮流。皮影戏，这一源自古老中国的传统艺术形式，以其独特的表演方式和深厚的文化内涵，一直深受人们喜爱。当这两者相遇，一场前所未有的创意之旅便悄然展开。我们也不禁思考是什么契机让 vivo 与 KARMA 之间的合作，选择用手机来重新演绎上海美术电影制片厂制作的《哪吒闹海》这一经典？通常来说，普通话版本足以满足观众的诉求，为什么又要推出 5 个方言版本呢？关于科技与经典，我们又该如何正确处理两者之间的关系呢？

一、跨界联动：科技之光照亮传统文化新篇章

事实上这场合作并非一帆风顺。构思之初，团队就面临着如何将手机夜拍功能与皮影戏相结合的难题。皮影戏的表演环境通常较为昏暗，这对手机的夜拍功能提出了极高的要求。为了攻克这一技术难题，团队进行了大量的实验和测试。

在实验过程中，团队不断调整手机的拍摄参数，尝试各种光源和拍摄角度，以期在保持皮影戏独特韵味的同时，充分展现 vivo X90 Pro+ 的夜拍实力。经过无数次的尝试和失败，终于找到了最佳的拍摄方案。利用 vivo X90 Pro+ 的 4K 超高像素功能，即使在极暗的环境下，也能捕捉到皮影戏中的每一个细节，将其色彩和动作还原得淋漓尽致。

在内容上，这场独特的合作以"无惧黑暗"为主题，寓意着即使在黑暗的环境中，vivo X90 Pro+ 也能捕捉到清晰、生动的画面。为了凸显这一主题，团队特意设计了一场精彩的皮影戏表演。在这场表演中，

vivo X90 影像实验室之皮影戏《哪吒闹海》视频截图

皮影戏传承人精湛的技艺与 vivo X90 Pro+ 的出色夜拍功能相得益彰，共同呈现了一场视觉盛宴。

随着皮影的舞动，观众仿佛被带入了一个神秘而充满想象力的世界。每一个细节都被清晰地捕捉下来，无论是皮影的细腻动作还是丰富的色彩变化，都得到了完美的呈现。这一刻，科技与艺术之间的界限仿佛被打破，两者相互融合，共同创造了一种全新的艺术体验。

这场表演与展示的成功举办，不仅凸显了 vivo X90 Pro+ 夜间拍摄功能的强大实力，更让观众在欣赏皮影戏的同时感受到了科技与艺术的完美结合。这种跨界的创意构想为传统文化的传承和发展注入了新的活力，也让人们重新审视了现代科技与传统艺术之间的关系。

除了技术上的挑战外，团队在合作过程中还面临着如何将两种截然不同的元素融合在一起的问题。皮影戏作为传统文化的重要组成部分，其独特的艺术风格和表演形式与现代科技有着显著的差异。然而，正是这种差异为团队提供了无尽的创意空间。

在合作过程中，团队深入挖掘了皮影戏的文化内涵和艺术特点，将其与现代科技元素巧妙地结合在一起。通过精心的设计和策划，团队成功打造了一场既具有传统文化韵味又充满现代科技感的视觉盛宴。

总的来说，vivo X90 Pro+ 与皮影戏的合作是一次前所未有的创意之旅。这场科技与文化的碰撞不仅让观众对 vivo X90 Pro+ 的夜拍功能有了更深刻的了解，同时也让人们重新认识了传统文化的独特魅力。这种跨界的合作方式为传统文化的传承和发展开辟了新的道路，也为现代科技与艺术的交融注入了新的活力。

二、创意亮点：经典故事遇上现代光影魅力

在呈现 vivo X90 Pro+ 的夜拍技术特性的过程中，创意团队巧妙地编织了一段引人入胜的故事情节，它不仅仅是一个简单的广告展示，更是一次情感与技术的完美融合。这段故事的核心，便是深植于中华民族心中的经典——《哪吒闹海》。

对于《哪吒闹海》这一经典，每一个中国人都耳熟能详，它承载了无数人的童年记忆，也代表了对传统文化深深的眷恋。将其与皮影戏这一传统技艺以及 vivo X90 Pro+ 的夜拍技术相结合，无疑是一次大胆且富有创意的尝试。

在故事情节的设计上，创意团队展现了极高的匠心独运。他们并没有直接通过炫目的特效或直接的宣传语来强调手机的夜拍能力，而是巧妙地利用了《哪吒闹海》这一故事的情节和场景，将技术特性融入其中。在皮影戏的背景下，哪吒与龙王的激战、海面的波涛汹涌、暗夜的神秘莫测，都被 vivo X90 Pro+ 的夜拍功能完美地捕捉下来。观众在欣赏这一传统艺术形式的同时，也直观地感受到了手机在黑暗环境中捕捉细节的卓越能力。

这种潜移默化的展示方式，使得广告的感染力大大增强。观众不再

vivo X90 影像实验室之皮影戏《哪吒闹海》视频截图

是被动的接受者，而是主动地参与到故事情节中，与哪吒一同历经艰险，与 vivo X90 Pro+ 一同探索黑暗的奥秘。他们不仅能够欣赏到精美的皮影戏表演，更能够感受到现代科技与传统艺术完美融合所带来的震撼和感动。

关于《哪吒闹海》这一故事的选择，更是为广告增添了独特的文化韵味。这个家喻户晓的经典故事，不仅承载了观众对于传统文化的深厚情感，更代表了中华民族勇敢、坚韧、不屈不挠的精神。将其与 vivo X90 Pro+ 的夜拍技术相结合，不仅是对传统文化的传承和发扬，更是对现代科技与传统艺术相结合的全新尝试。这种创意的结合，不仅为广告注入了强烈的感染力，更为观众带来了一次视觉与情感的盛宴。

在广告的制作过程中，创意团队对于每一个细节都进行了精心的打磨。从皮影戏的表演到手机的拍摄效果，从故事情节的编排到画面的呈现，都展现出了极高的专业水准和创意思维。他们用心地呈现了一个个生动的场景和细腻的画面，让观众仿佛置身于故事的现场，与哪吒一同经历了一次次的冒险和挑战。

通过精心设计的故事情节和巧妙的创意转化，vivo X90 Pro+的夜拍技术特性得以完美地呈现在观众面前。而《哪吒闹海》这一经典故事的融入，更为广告增添了独特的文化韵味和感染力。这次广告的成功，不仅展示了 vivo X90 Pro+的卓越性能，更让观众在欣赏传统文化的同时，感受到了现代科技与传统艺术相结合的无限魅力。

三、广告创作：生意与创意的平衡之道

在 vivo X90 Pro+的广告创作中，巧妙地融合了传统皮影戏与现代科技，展示了品牌独特的创意与商业智慧。皮影戏，这一古老的民族艺术形式，承载着深厚的文化底蕴，与 vivo 的科技创新精神相结合，为广告注入了独特的魅力。

广告通过一镜拍摄的方式，精彩呈现了皮影戏版的《哪吒闹海》。随着剧情的推进，画面适时放大，让观众能够更清晰地看到皮影戏中的每一个细节，体验沉浸式的观感。这种将传统文化与现代科技产品相结合的手法，不仅提升了广告的吸引力，更凸显了 vivo X90 Pro+的卓越性能，尤其是在暗光环境下的拍摄能力。

此外，广告中的解说词也别出心裁，融入了网络热梗，为传统故事增添了现代感，使其更贴近当代观众的审美。这种创意与时代的结合，不仅增加了广告的趣味性，也提升了其辨识度，让人印象深刻。

在 vivo X90 Pro+的广告中，一镜到底拍摄和画面放大等技巧的运用，以及推出普通话和五个方言版本的决策，都体现了广告策划与执行的精细考量。

一镜到底的拍摄手法为观众创造了一种流畅且连贯的视觉体验，使得整个过程显得自然真实。这种技巧避免了镜头切换带来的视角变化干扰，使观众能够更深入地投入到广告情节中。同时，一镜到底的连续性

vivo X90 影像实验室之皮影戏《哪吒闹海》视频截图

有效保持了观众的注意力，营造出一种实时发生的感觉，增加了观看的紧张感和悬念。此外，该手法还特别适合展示复杂场景和动作，为观众呈现了一个完整的视觉盛宴。

画面放大的技巧则进一步增强了广告的视觉冲击力。通过聚焦和突出细节，这一手法让观众更加关注到手机对细节的捕捉能力，从而深刻感受到 vivo X90 的卓越性能。同时，画面放大还有效地引导了观众的视线，确保了广告中的重要部分和卖点能够被清晰地传达。

执行团队表示在广告活动中推出普通话和 5 个方言版本的决策，则是基于深入的市场洞察和文化考量。由于《哪吒闹海》这一经典故事在全国各地具有广泛的影响力和知名度，方言版本的推出能够更好地唤起不同地域观众的情感共鸣和文化认同感。通过这种方式，广告不仅保持了内容和风格的一致性，还成功满足了不同地域受众的需求和喜好。

在制作方言版本时，团队进行了广泛的本地化调研，以充分了解各个地区观众的文化背景、语言习惯和喜好。专业的方言翻译和配音演员确保了语言的准确性和情感的贴切表达。这些精心安排使得各个版本在保持统一创意和脚本的基础上，又能够贴切地反映当地的文化特色和语言习惯，从而让观众在亲切感中更加深入地体验到 vivo X90 Pro+ 的独特魅力。

这一广告的成功，也引发了关于广告创作中商业与创意、传统文化与现代审美之间关系的思考。在创作过程中，深入理解品牌的核心价值和目标受众的需求至关重要。vivo 作为科技创新的品牌，其广告必须体现这种创新精神，同时也要找到与消费者之间的情感链接。皮影戏与 vivo X90 Pro+ 的结合，正是找到了这样一个链接点，既体现了品牌的科技追求，又唤起了消费者的文化共鸣。

广告创作需要平衡商业目标和创意表达，而融入传统文化元素则能增加广告的深度和广度。现代消费者的审美日益多元化，他们渴望在产品中看到更多的文化内涵和情感价值。因此，将传统文化与现代审美相结合，不仅能提升广告的吸引力，还能增强品牌与消费者之间的情感联系。

四、广告效果：开拓科技与文化结合新路径

vivo X90 Pro+ 与皮影戏的广告合作不仅仅是一次简单的商业推广，更是一场引人深思的文化实验，其深远的社会影响不容小觑。在 vivo X90 Pro+ 与皮影戏《哪吒闹海》的合作中，我们看到了现代科技与传统艺术的有机融合，这种碰撞不仅展示了技术与文化的交汇，也引发了对两者关系深度的思考。

这次二者之间的合作展示了现代科技在传统文化传承中的积极作用。皮影戏作为古老而独特的艺术形式，通过 vivo X90 Pro+ 先进的夜拍技术得以重新诠释和呈现。这不仅带来了视觉上的新体验，也为传统艺术注入了现代的科技感和新生命力。vivo X90 Pro+ 成功地将品牌形象与中国传统文化深度融合，展示了其对文化传统的尊重和承载。这不

仅提升了品牌的文化认同感，还深化了消费者对品牌的情感连接，为品牌树立了积极的社会形象。

不能否认的是，这次合作为传统艺术注入了现代化的活力和新的表现形式。传统的皮影戏在传承过程中常常面临着年轻观众的缺失和传统表演形式的僵化。通过 vivo X90 Pro+ 优秀的夜间拍摄功能，皮影戏得以在暗光环境下展现出更为生动和真实的画面，大大提升了其在现代社会中的吸引力和可见性。这种创新的表现方式为传统艺术的传承与发展开辟了新的路径，激励了更多年轻人对传统文化的关注与参与。

同时，此次合作不仅仅是在技术层面的结合，更是在文化层面上的交流与共融。这次合作为广告行业带来了新的创意和表现手法。通过在《哪吒闹海》这一经典故事背景下展示 vivo X90 Pro+ 的拍摄能力，广告不仅仅是产品功能的呈现，更是一次情感与技术的结合。通过选择《哪吒闹海》等经典故事作为表现载体，不仅提升了广告的文化内涵，也通过多语言版本的推出增强了地域观众的文化共鸣和参与感。这种通过故事情节和文化符号传递品牌价值的方式，不仅增强了广告的吸引力和影响力，还为其他品牌在文化表达和市场定位上提供了有益的借鉴。

在当今全球化和数字化的背景下，文化创新和科技进步已经成为推动社会发展的重要动力。这种创新实践不仅仅是商业活动的一部分，更是对文化和技术融合可能性的一次深刻探索，也为未来的跨界合作提供了有益的参考和启示。

延伸思考

1. 请分析 vivo X90 Pro+ 手机广告选择《哪吒闹海》这一经典故事作为背景的原因。这种故事背景的选择如何与 vivo X90 Pro+ 的产品特性相结合，以达到更好的广告效果？

2. 在这个广告中，vivo X90 Pro+ 的哪些技术特性得到了重点展示？广告如何通过视觉效果和拍摄手法来强调这些技术特性？例如，广告是否利用了某种特定的拍摄技术或后期处理来突出手机的某项功能？

3. 请讨论这个广告可能的目标受众是谁？广告中使用的文化元素（如《哪吒闹海》故事和皮影戏）如何影响目标受众的接受度和共鸣？

4. 如果你是广告策划者，你会如何评估这个广告的效果？你认为这个广告在哪些方面取得了成功，哪些方面还有改进的空间？基于这个广告的成功经验，你对于未来 vivo 或其他品牌的广告策略有何建议或展望？

连接品牌与创意的桥梁，
一支广告的台前幕后

品牌方: 快手
案例名称: 打开快手 给非遗一个更大的舞台
创意执行方: Heaven&Hell
上海国际广告节奖项: 金奖

创意执行团队的花絮照片

　　创新，是好广告的重要品质。无论甲方乙方丙方，不应该做 Reference 的搬运工，要敢于创新，少说点"我担心"，多做点别人没做过的事，没想过的点子，没实现的视觉。

——Heaven&Hell

我们习惯了一支支广告的"完成式"，却对它们的"进行式"感到陌生。一支成熟的广告片是如何被一步步建构起来的？一个好的 idea 是如何被打磨并成熟落地的？当拿到甲方的提案，广告人应如何去优化其中的不足使其更出圈？本案例将带你进入最真实的广告从业者视角，看广告人是如何当好品牌与第三方公司的桥梁，将一个好的 idea 成功落地的，或许会带给你对广告行业的新认识。

一、一个 idea 的打磨过程

当广告人面对一个全新的广告项目时总有很多的疑问和担心：品牌方给到的 brief（创意简报）对本次的广告策划有怎样的要求？有什么格外需要突出的重点？我们应该如何将自己的创意和想法与甲方的期待融合在一起？

快手非常让人省心。品牌方给到 Heaven&Hell 的 brief 非常具象：Campaign ❶ 主题已确定——手上的非遗；执行细节也想好了：将非遗人的匠心故事和手上的老茧、掌纹做视觉同构，Layout ❷ 客户已画好，参考也有。一共 5 位非遗人，5 只手，5 张海报，并明确用 3D 建模完成，执行公司指定为泰国的 Illusion，甚至连价格都谈好了。

Heaven&Hell 需要做的就是给出 5 张平面海报、围绕 5 只 3D 手做一个 H5，拍摄 5 位非遗人的故事，再 3D 打印 5 只手举办一场线下展览、拍摄一条 case video。可以说，这是 Heaven&Hell 接到过最具体的"命题作文"，就像同行下给同行的一个 brief。

但是，如果一个案例所有环节该怎么做都被规定好了，那么

---

❶ Camapign：在市场营销中指的是一系列围绕特定营销目标而策划和实施的综合营销活动。

❷ Layout 软件：用于创建和编辑二维文档和演示工具，这类软件提供了丰富的工具和功能，以支持用户在设计、建筑、工程和其他领域中进行视觉表达和文档编制。

Heaven&Hell 只是执行者，而非创意的角色。只按部就班地完成甲方的构想，即使案例中有不合理或可以做得更好的地方也无法加以修改，这与忠于创意的广告人初心相悖。Heaven&Hell 所负责的案例中无不体现着其创始人李丹对创意的重视，他们认为，创新，是好广告的重要品质，无论甲方乙方丙方，不应该做 Reference 的搬运工，要敢于创新，少说点"我担心"，多做点别人没做过的事，没想过的点子，没实现的视觉。

在比稿答疑会上，Heaven&Hell 问了快手三个问题：1. 主题能改吗？ 2. layout 能变吗？ 3. Heaven&Hell 是乙方还是丙方？在明确了 Heaven&Hell 还是创意 Agency 的角色而不是单纯的执行者后就接了比稿。

赢得比稿后，Heaven&Hell 团队觉得案例的 idea 和执行都有值得再优化的地方，便又提了几次方案，希望做出一个出圈的案例。要出圈就要充分调动起消费者的主动性，消费者在面对广告时不能是一个纯接收信息的"受众"，而要做一个与广告有交流的互动者。"手上的非遗"这一主题没有行动指令，消费者面对广告没有主动互动的意愿。于是 Heaven&Hell 给了一个新的主题——一起手护非遗。"手护"，加上一个动词，就有了鼓励观众多点赞、多转发、多收藏的煽动性。从"手上"到"手护"，一字之差，却能将消费者的积极性充分调动起来。

其次，在视觉上，快手最初希望利用老茧和掌纹进行视觉呈现，然而老茧很小，掌纹很细，如果不考虑巧妙的视觉同构，只是把画面生硬地刻在手掌上，做出来的视觉效果难以达到理想预期。所以 Heaven&Hell 提出将视觉改成 5 只巨型非遗手像，塑造一个 5 位非遗传承人抢修 5 只手像的画面，这 5 只手像由 5 种非遗技艺创造，却因千百年无人问津濒临倒塌，正对应了目前国家政府和传承人们抢救一些即将消失的非遗项目的现状。

在与品牌方多次商讨后，本次营销的主题最终敲定为"打开快手，给非遗一个更大的舞台"，画面变成了现在的"超级碗"手机舞台的视觉，但还是因为细节太多，预算和时间不够充足的原因，只能将海报的数量由五张减为三张。

二、一支广告的台前幕后

一支广告片能够呈现在受众面前，其背后经历了从策划到沟通再到执行等环节，每一环中的困难和挑战都需要创意团队去一个个攻克。本次 Heaven&Hell 负责的这个案例也面临着诸多挑战。

先说平面，数不清的细节，无数次的沟通，都需要创意团队去跟进。

虽然只有三张海报，但这却是 Heaven&Hell 团队执行过的细节最复杂、知识面最广、Layout 最难表现、耗时最久的一套平面。Heaven&Hell 着手开始做的第一张海报是《贺州醒狮》篇，试错时间比较多，Layout 整整用了 40 天，客户确认后再给到 Illusion 去 3D 建模执行。然而，即使已经耗费 40 天跑通了流程，三张海报的平面推进也一共耗费了三个多月。

为什么做一张平面海报要花费这么久的时间？首先从技术上来说，三张海报的 Layout 全都是 PS 合图，每张图 1000 多个图层，这本身就是个不小的工作量，再加上这套 Layout 的细节也是无法想象的丰富，数量与质量的双重堆砌让每一张海报的产出都无比困难。

其次，本次营销活动的沟通成本也是巨大的。本次营销活动的设计公司外包给了泰国的第三方。由于文化语境和工作习惯不同，如果 Heaven&Hell 给到设计公司的 Layout 不够细致，设计公司会就各种未给到的细节反馈无数个问题，其中涉及他们不理解的中国文化，甚至也涉及素材的大小、位置……拿《皮影戏》的四面舞台举例，Heaven&Hell 和设计公司是这样沟通的：

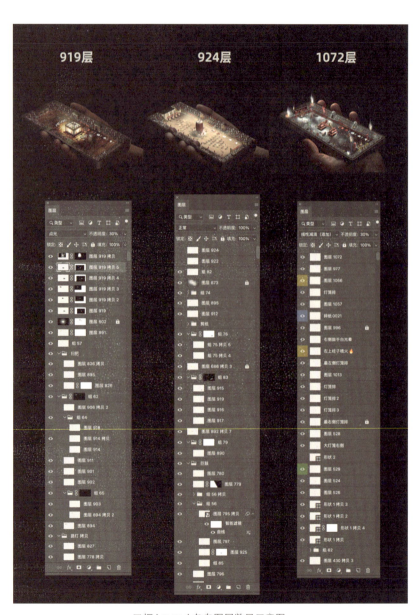

三幅 Layout 各自图层数量示意图

问："电线连在舞台四角的杆子上？还是在舞台内的杆子上？"

答："舞台内。"

问："杆子的高度超过四面墙高？还是无所谓？"

答："不要超过。"

问："电线上挂的皮影道具是前后排队挂？还是肩并肩并排挂？"

答："肩并肩并排挂。"

问："皮影人物要和画面对应吗？还是随意？"

答："要跟故事对应挂。"

问："我们不懂故事，能标注好给我们吗？"

……"每排挂多少个皮影？还是随意？"

……"皮影的杆子和皮影是怎么连在一起的？能给我们具体的结构示意图吗？"

……

以上这些问题全部是用英文进行的沟通，更加大了沟通成本和难度。

除了与不同文化视域下的第三方公司之间的沟通成本高，另一方面，广告创意方与品牌方之间的沟通也是一门艺术。

和所有客户团队一样，快手团队里也有美术、文案、创意总监，每个人都有自己的想法，都希望在案例中体现自我价值，都希望案例能够在一定程度上承载自己的创意。他们既是运动员也是裁判员，每次修改后与客户沟通必有反馈，其中有合理的，也有不太合理的、难以实现的，创意团队既要从客户的反馈中找出可执行的点并更好地优化案子，针对那些不太合理的要求也要用合适的方式跟客户沟通。如果什么都不听、不改，或语气很强硬，势必会得罪人，所以必须学会"沟通平衡术"，合理进行反馈和沟通，当好品牌方与第三方设计公司之间的桥梁。

再说执行，本次活动要求在水上搭建一个表演舞台，对Heaven&Hell来说是一次惊心动魄的创新之旅。

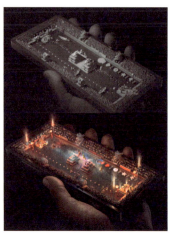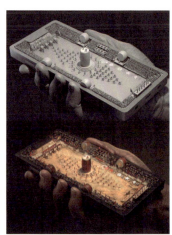

三张海报的制作过程图

　　成都对于上海的Heaven&Hell来说并非一个熟悉的城市，在一个陌生的城市策展，无论在文化认同度上还是安保工作上都令人忧心。在水上搭建舞台毕竟不同于陆地，舞台的安全性如何、在演出时是否会出现意外状况，都需要考虑。除了舞台本身，Heaven&Hell还担心成都民众是否会为这次活动"买账"：既担心来的人少了，舞台没有观众，又担心来的人多了发生意外事件。同时，怎么合理引导观众根据"剧本"进行互动、怎么维护现场秩序等也是需要考虑的。

三、以创新为血液的广告与"保守"的非遗

　　近些年，国潮、新中式的热度越来越高，"传统文化的新表达"成为了风向，在广告中也不例外。广告人在拿到以传统文化为选题的活动策划时，都期望以一些创意方式进行表现，如果能将千百年前的传统文化与现代社会和生活充分结合，就能找到新时代下传统文化的位置和意义，但如果把握不好度，就容易形式的创新大于内涵的表达，甚至对传

水上舞台现场图

统文化造成歪曲和误解。

站在文化角度看，博大精深是底蕴；站在创新角度看，博大精深就是束缚。广告人不能厚古薄今，要以创新的视角去利用传统文化，也要留下今人的思考。

本案例中同样充满传统与现代的矛盾。比如《皮影戏》篇里的四面舞台就是创意团队在对非遗传统进行了创造性改动的基础上"新造"出来的。传统皮影戏只有单面舞台，但是画面中的"手机舞台"有着四面看台，观众的观影更像是足球比赛那样环绕式的，Heaven&Hell 便提出

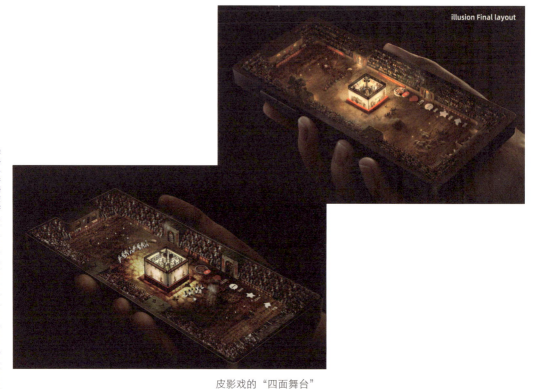

皮影戏的"四面舞台"

能否做一个"四面舞台",将皮影戏的表演创新地改动一下。但品牌方不同意,认为做创意可以,但不能"篡改"非遗。

创新和传统不可兼得吗?创始人李丹及其团队成员继续思考,为了保住这个想法,他们又和道情皮影戏传承人魏宗福老师进行了沟通,魏老师很喜欢四面舞台的创意,并说如果现实中自己能有一个四面舞台,他一定带着团队来场首秀。创意团队与传承人魏老师一拍即合,"串通好"和快手团队约了电话会议一起说服,才有了现在呈现出来的四面舞台。

在众多非遗传承人中，魏老师并非独一无二的"前卫"。在本书中所有涉及传统文化与非遗的案例里，当我们与其传承人沟通时都会发现，传承人本身对于非遗适应时代的创新改造并无反对，很乐意接受对非遗进行必要的时代性改良，甚至很多非遗传承人自己就会顺应时代的潮流搞"花活"，例如根雕雕刻游戏动漫角色、川剧变脸的脸谱画哆啦A梦等。

传统文化也好，非遗也好，并非从诞生开始就一成不变，恰恰相反，正是因为不断地顺应历史和社会的发展，我们的文化才能流传至今，变通和创新始终是维持我们整个民族五千年漫漫生命历程的流动的血液。当广告人面对一些看似古老而沉重的选题时，不妨用新的思维和视角重新考虑，或许会在新时代和新的社会环境中为其找到更合适的立足点。

四、是利是弊？短视频与非遗传播

在人们的刻板印象里，短视频平台长期以来为人诟病的碎片化特点不利于传播底蕴深厚的文化。以非遗为例，就有学者认为短视频平台存在着对非遗项目宣传不均衡、引导受众对非遗产生认知偏差等弊端，例如观赏性强的非遗就会受到比较多的关注，而一些观赏性没那么强或耗时比较久的非遗项目则很难达到理想中的高流量。同时，受制于视频时长，在快手等短视频平台上很难将一项非遗掰开揉碎了细细讲给观众，这就很容易造成观众对非遗项目认知的偏差和不完全。

快手却在以流量为文化传播加持的这条路上迈开了步伐。快手自2018年开始推出了"在快手看中国"的活动，通过纪录片的形式记录和展示中国当下真实的生活状态。这次的成功让快手意识到，"阳春白雪"和"下里巴人"之间并不是泾渭分明。

再说短视频的快餐化和碎片化。在采访时，Heaven&Hell团队针对这个问题提了这样一个假设：从今天开始，假如所有短视频都被禁用。你会静下心来去读一本很厚的《皮影戏的前世今生》吗？你会被厚重感的历史文化感动，感受到它的魅力吗？短视频碎片化的议题被重复了多年，不断有声音警告"短视频会让人注意力不集中""记忆力下降"等。然而，不管是快手还是抖音或是海外版的 Tiktok 都并没有因为这些唱衰而停止发展，反而越来越成为每个人娱乐生活中不可缺少的一部分。市场的发展自有其规律，我们只需顺应潮流，不断优化自己。

作为一个记录和分享的普惠平台，快手一直以纪实的方式全景记录每个人每一刻。在"快手看中国"的活动中快手尝试了讲好各领域的中国故事，但关于文化的、关于非遗的故事还没讲过。同时快手也发现平台居然积累了 1500 万个非遗创作者，营业收入达到 15 亿，再加上自2006 年国家颁布第一批非遗名录开始，非遗在国内已经发展了 19 个年头，相关政策不断地推动非遗的传承与传播……天时地利人和，于是快手便策划了非遗相关的营销活动。

本次营销活动让我们从广告视角重新认识了快手平台的力量。在快手，每 3 秒钟就诞生 1 条非遗视频，超过 1500 万个非遗创作者活跃在快手社区中。的的确确有众多非遗传承人和爱好者通过快手平台从无人知晓成为拥有几十万粉丝的"网红"，无论观众是否能真正理解非遗的内涵，至少快手让许多非遗项目第一次进入了大众视野，在传播非遗上起了一定的推动作用。

众多短视频平台至今依旧在不断发展和壮大，我们很难对这种娱乐形式进行定性评价，但其传播力却是不置可否的。在数字时代的广告营销上，我们需要这样强大的工具。怎样使用好工具，怎样利用好流量，需要我们这些手持方向盘的人不断地考虑、试错、优化、总结。

在本案例中，我们从广告方的视角看到了一个成功案例背后的辛苦与付出，Heaven&Hell 团队有实力也足够幸运，将一个案例成功破圈，赢得了鲜花掌声和关注。而在现实的广告行业中，并非所有案例都能出圈，甚至不是所有的创意和策划都能成功落地，但每一个案例背后的广告人所付出的汗水一滴也不会少。或许，广告就是这样一个枯坐冷板凳的职业，我们需要不断地沉淀，不断地积累，不断地想好的 idea，在做案子之前不想着它会出圈，而只是去做。一路前行，或许某一天我们抬头，刚好会看到漫漫长路上洒下一束金色的阳光。

延伸思考

1. 除了创意之外，好的广告人还应当拥有什么品质？

2. 中华文化源远流长博大精深，在广告策划中或多或少地会借助传统文化进行表达。如何借助文化的内核给予广告深度，又如何借助数字广告的巨大传播力和创造力推动文化的表达，怎样才能达到广告的传播力与文化性的双赢？

3. 对于广告来说似乎传播力越高越好，短视频平台就变成了最理想的工具，你如何看待短视频平台在广告营销中的作用？

4. 广告是流量为王吗？有高流量能算得上好广告吗？你心中的好广告是怎样的，能否举 1-3 个案例进行分享？

前瞻

"成都熊猫热到吃西瓜"，装置艺术赋能实体经济

AI 时代下的"技术＋"模式，科技赋能广告营销

裸眼 3D 新纪元，宝马 mini 领航未来

元宇宙中的 WOW 桶聚会狂欢

"成都熊猫热到吃西瓜"，装置艺术赋能实体经济

品牌方： 成都 IFS

案例名称： 成都 IFS "the MELON-VERSE 万有 xi 引力"
沉浸式互动艺术展

创意执行方： 成都 IFS

上海国际广告奖奖项： 铜奖

成都 IFS 标志性艺术装置大熊猫 "I AM HERE" 与西瓜宇宙

　　艺术装置是一个有形的载体，可以承载品牌想要表达的故事。艺术创新的表现形式和丰富的视觉效果，可以打破商业空间与公众之间的隔阂，为公众带来新鲜感。它也是一种强大的媒介，用独特的方式深化、具象化品牌形象，承载品牌理念。

——成都 IFS

艺术装置在广告中的应用其实并不少见,可是将一个艺术装置与品牌绑定数年还能够持续不断地为消费者带来新鲜感就并不常见了。成都 IFS 是如何借艺术装置进行营销,又如何通过营销活动不断强化自身品牌,逐渐成为西南甚至全国地标的? 在实体经济发展艰难的大环境下,成都 IFS 是如何借助互联网科技优势赋能实体商业综合体的? 通过这篇文章你将会看到一个成功品牌的智慧。

一、装置艺术与品牌营销

一个个西瓜堆在绿色的草坪上,在烈日下似乎飘出瓜皮的清新香气,让身处其中的人误以为这不是市中心,而是在一个充满清新绿意的"西瓜宇宙"里。

这些造型逼真的"西瓜"正是成都 IFS 沉浸式互动艺术展"the MELON-VERSE 万有 xi 引力"的一部分,由成都 IFS 与法国知名视觉艺术家 Cyril Lancelin 联合创作。这位艺术家擅长将虚拟与现实融为一体,利用生活元素、几何形状创造独特结构与体验式的艺术,以往硬币、仙人掌、草莓等都是他的创作主角。

为充分发挥艺术家擅长的风格,同时考虑到展览时间正值夏季,成都 IFS 选择了"西瓜"这个具有强烈季节属性的意象,希望它能带来属于夏季的清新愉悦感。主装置堆叠了 200 个色彩各异的巨型西瓜,高达 6 米,构建数字美学与结构美学并存的"西瓜宇宙",为夏季炎热躁动的宇宙中心带来清凉舒爽,注入鲜活动力。

这并不是成都 IFS 第一次利用艺术装置进行营销。自开业以来,成都 IFS 始终保持与优秀创意团队和艺术家的合作。最经典的作品之一是成都 IFS 在 2014 年开业之初打造的巨型艺术装置"I AM HERE"熊猫,由国际著名艺术家 LAWRENCE ARGENT 先生凭借他对熊猫的喜爱以及前沿的艺术风格创作而成,这只巨型熊猫以憨态可掬的姿态,攀爬在成都

成都 IFS "I AM HERE" 爬墙熊猫

IFS 建筑外立面，在成都最中心展示这座城市独有的魅力。它又拥有艺术家创造的独特"多面体"造型，体现成都 IFS 走在时尚潮流前沿的品牌形象。

为什么将艺术装置作为营销手段？这一方面与成都 IFS 实体经济的性质密切相关。成都 IFS（成都国际金融中心）位于春熙路都市级商圈的核心位置，是国内首屈一指的城市综合体标杆，包含 21 万平方米的旗舰购物中心，27.5 万平方米的超甲级办公楼，拥有约 230 间客房的酒店，以及 7.6 万平方米的服务式公寓。成都 IFS 承载着经营空间的业务，也天然地需要与空间打交道。为了带给消费者常逛常新的感受，成都 IFS 不断将所拥有的空间进行创意性地打造，推出吸睛且受消费者喜爱的艺术装置。

回到艺术装置本身，它是一个有形的载体，可以承载无形的品牌想要表达的故事。艺术创新的表现形式和丰富的视觉效果，可以打破商业空间与公众之间的隔阂，为公众带来新鲜感。它也是一种强大的媒介，用独特的方式深化、具象化品牌形象，传递品牌理念。通过打造

成都 IFS 实景图

与品牌定位形象、受众喜好相符合的艺术装置，可以激发受众情感共鸣，加深品牌和受众的情感联结。

成都 IFS 之所以选择大熊猫这一原型来创作标志性艺术装置，与成都"大熊猫之乡"的定位离不开。大熊猫作为国宝，其憨态可掬的形象深受国内外民众喜爱。成都 IFS 将在地文化以及这种成都土生土长的可爱动物巧妙融入品牌表达中，积极拉近与消费者的距离，赢得众多消费者好感。

现在，"I AM HERE"已经成为来成都必看的第二只大熊猫，也是来自全球各地的游客、众多明星名流到访成都的必打卡地，在社交媒体上有着超高人气，还常常出演城市新闻报道与宣传片，登上各大媒体为成都代言。

二、营销够出圈就能自带流量

要将一座商业综合体打造成成都的新城市地标，如此巨大的影响力

"I AM HERE"已经成为来成都必看的第二只大熊猫

并不仅仅依靠单一的艺术装置，要配合推出多样的营销活动，且整个营销链路中的每个环节都很重要。一个优秀的整合营销能创造新的消费和体验场景，引发消费者兴趣和参与，通过营销活动输出品牌价值，加深与消费者的连接，最终实现营销目标和品牌战略。

以成都 IFS "the MELON-VERSE 万有 xi 引力"沉浸式互动艺术展为例，有机融合线下沉浸式装置和线上互动体验，首次尝试元宇宙"虚拟空间"，缔造出实体商业中心与数字世界的跨界协同，才能最大限度发挥出艺术装置的号召作用，吸引更多消费者到访"打卡"，造就现象级活动，从而提升整个品牌知名度。

从线下装置本身来看，成都 IFS "MELON-VERSE"艺术展充分激发西瓜与超级 IP 大熊猫两大元素的化学反应，主装置堆叠了 200 个色彩各异的巨型西瓜，高达 6 米，构建出一个"西瓜宇宙"，一抹不常见的清新亮丽绿色突然出现在灰黑色为主的城市水泥森林里，形成强烈的视觉冲击力，充分吸睛。这一创新的场景是当之无愧的营销"顶流"，自带流量和话题度。

在线上，成都 IFS 通过微信平台定制了西瓜主题的互动小游戏引发年轻消费者兴趣，联动场内租户释放福利，增强用户黏性，鼓励更多消费者参与虚拟场景打卡和线上游戏。并在线上导览小程序实现了云展览体验，通过手机扫描二维码进入线上艺术导览界面，即可轻松获取艺术装置简介、3D 效果图等活动资讯，实现活动信息更便捷、更精准触达。

同时，在本次艺术展中，成都 IFS 积极引入最前沿的技术首次尝试为艺术展重磅打造两款数字藏品，扩展线下艺术装置的西瓜主题故事，构建一个虚实结合的"西瓜宇宙"，于国内领先的数字藏品交易平台 NFT 中国限量发行，这次数字藏品限量免费发行 1000 份，有较高稀

互动小游戏带来线上与线下的联动

缺性，受众在参与本次线下活动时，可以有机会免费获得限量的数字藏品画作，激励更多人参与线下活动中，为到访引流且增加停留时间。

或许，在元宇宙和前瞻技术上，本次营销活动是一次浅尝辄止，却说明了成都 IFS 有着敏锐的科技嗅觉，是在广告营销上积极拥抱前沿科技的表现。

在传播策略上，此次 MELON-VERSE 艺术展，成都 IFS 以微信与微博构成核心传播渠道，以小红书、抖音、视频号等平台作为其他内容形式

首次发布两款限量数字藏品画作

承载的媒体矩阵补充，向目标客群进行精准内容触达。展览期间恰逢成都高热持续天气，成都 IFS 策划了＃成都熊猫热到吃西瓜＃微博话题，通过制作成都大熊猫基地网红大熊猫"肉肉"与成都 IFS 地标熊猫 I AM HERE 隔空联动"吃瓜解暑"趣味视频，＃成都熊猫热到吃西瓜＃活动话题引发全城热议，极大鼓励 UGC 自传播，进一步提高线下打卡意愿，打造同城热搜话题。

所有的营销活动最后都要回归销售。一个商业广告成功与否一定需要看它能否带动销售转化。为推动顾客购买意愿，成都 IFS 在 MELON-VERSE 艺术展期间，也携手入驻商户推出一系列主题活动和衍生周边，并引入音乐会、工作坊等附加活动驱动消费。此外，成都 IFS 还联合若干成都精选酒吧推出夏日限时西瓜特调，消费者亦可以沿着成都 IFS 推出的"夏日 CHILLIN 地图"打卡路线，享受微醺快乐的同时获取展览讯

热门

成都IFS 👑

2022年08月11日 12:47 来自 微博 weibo.com

小编听说我们可爱的I AM HERE熊猫吃瓜今天火了👀？？ #成都能猫热到吃西瓜#，各位小宝宝们天热了也不要忘了也多吃点"瓜"补充水分哦🍉！"2022年限定夏日版I AM HERE"吃瓜画面难得，快约上小伙伴一起来打卡成都IFS"the MELON-VERSE"沉浸式互动艺术展，体验"西瓜宇宙"刷屏一整夏 展开 ⌄

2053   💬 22   👍 20

成都的熊猫热到吃西瓜 # 微博话题

成都 IFS "the MELON-VERSE 万有 xi 引力 " 艺术展现场

息，带领年轻客群解锁在城市中心的美好休闲时光。

无论是大熊猫"I AM HERE"还是西瓜宇宙，成都 IFS 打造的这些现象级艺术装置的受众并不局限于当地居民，位于成都最核心地段的区

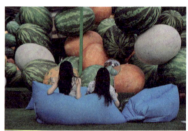

"夏日 CHILLIN 地图"活动现场及海报

位优势，加上吸引力十足的独特艺术体验，让成都 IFS 具有辐射全国游客的影响力。此次"the MELON-VERSE 万有 xi 引力"艺术展共吸引超 230 万名顾客线下游玩，活动相关的社交媒体话题＃成都熊猫热到吃西瓜＃累计互动量超 2.7 万，阅读量超 600 万，在百度和谷歌两大平台上，活动相关露出累计 3300 万条，在大众点评和小红书为代表的社交平台上，收获了 UGC 打卡笔记超 2000 条，并成为 2022 年 7 月成都最热话题之一。

三、"互联网+"时代下实体经济的破局之策

虽然成都 IFS 主营实体经济，但并没有将实体经济与互联网经济对立起来。线下商场可以提供不可替代的购物体验，而线上渠道可以用多变灵活的方式触达更多客群。在当下互联网时代，成都 IFS 一直积极探索数智化创新转型，将"互联网+"赋能实体商业综合体，整合智慧商业会员服务功能，打造粉丝基地小程序、积分商城等线上平台，定期推出超级锦鲤 & 抽奖活动、秒杀活动等，通过线上渠道引导线下消费，扩大自身市场份额。充分应用数字技术和大数据优势，更精准把握消费者喜好，提供多元化一体化服务，使消费者在任何环节都能感受到品牌的价值和用心。

同时，年轻群体逐渐成为轻奢、潮流品牌的消费主力。他们注重个性和自我表达，喜欢通过社交媒体获取信息和分享体验，愿意为新奇有趣的产品和体验埋单。面对时代更迭，以及目标消费群体日益变化的需求，成都 IFS 必须要迎合时代浪潮，充分将互联网技术赋能实体商业综合体，才能保持领先优势。这也是为什么这次在艺术展中尝试了元宇宙概念与数字藏品的形式，这都是成都 IFS 保持与年轻客群对话的努力。

当互联网电商浩浩荡荡地闯入我们的生活，许多实体经济从业者的第一反应是恐惧，甚至直至今日都不断有实体经济从业者被淘宝电商、抖音直播挤掉生存空间，最后只能无奈离场。成都 IFS 却能够主动拥抱互联网、拥抱科技，努力保持与年轻客群的对话，为消费者提供更好的服务和体验，创造更多经济价值。

无论是曾经的互联网，还是如今的元宇宙、人工智能，它们的初心都正如"互联网+"的名字一样，这些虚拟世界的到来对于物理存在的社会而言从不是零和博弈的竞争，而是互联网赋能并服务于各行各业。

四、多重连招共同打出品牌差异化

单从艺术装置或整合营销而言，无论哪一种营销方式在当下的竞争都非常激烈，成都 IFS 却能够在市场中不断强化品牌的独特性与竞争力，在受众心中形成独特的品牌辨识度。

首先，艺术装置是成都 IFS 的招牌，持续通过艺术装置不断强化其在受众心里的认知。成都 IFS 持续赋能"I AM HERE"熊猫，积极拓展创新的消费场景和对熊猫 IP 的充分挖掘，在每年周年庆典、新年、暑期等重要节点，与国际、国内优质艺术、时尚等资源联动，推出众多现象级的品牌&营销活动、艺术展、主题周、高端论坛，呼应不同热点以吸引各类客群，打造"全城盛事"不断强化成都 IFS"成都地标""必打卡地"的形象。

其次，实体经济已经成为同质化严重的领域，要想从中破局，把握住"首店""首秀"优势很关键。成都 IFS 保持对市场和消费者需求的洞察，自开业起持续引入全球、全国或区域首店，汇聚全球知名首店、首展。过去 1-2 年里，成都 IFS 持续对国际高奢、珠宝腕表、餐饮美食等全维度业态扩容优化，完成超 100 家品牌入驻及焕新，包含诸多高能级全球、全国、西南首店或城市旗舰店，如成都罗意威之家、ERMANNO SCERVINO 西南首店、GRAFF 西南首店、Van Cleef & Arpels 西南首家旗舰店、Max Mara 全球形象店等，持续为消费者提供来自全球的独特的消费新选择。

成都 IFS 也积极与租户品牌联动，在商场公共空间引入各品牌首展及首秀活动，让消费者在购物同时收获多重体验。成都 IFS 已成为众多国际品牌首展、新品首发的首选之地。例如 2023 年 Max Mara 泰迪毛毛屋选择成都 IFS 举办全球巡展首站，2023 年全国首场 Dior Beauty 豹纹彩妆新品系列主题展台、2023 年江诗丹顿"解构之美"全国巡展、2021 年爱马仕限时快闪店全国首展等。

在如今竞争激烈的市场环境下，仅一个艺术装置是不够的。仍需要持续打造消费者喜好的活动，提供全方位优质的产品和服务，不断为消费者传递新鲜感及价值，让消费者成为"回头客"，收获源源不断忠实客群的青睐。

成都 IFS 十分明确自己的使命，始终在尝试跳出传统空间，与创新"空间"联结，也始终在为其经营的实体空间服务着。在拥抱前沿科技的同时坚守着成都最核心的这块土地，从消费者需求出发，提供多元化一体化服务，为公众打造幸福生活场景，与城市共同创享未来，这是在数字时代下，成都 IFS 能保持自己独特品牌优势的重要原因。

延伸思考

1. 本次案例是成都 IFS 首次尝试将元宇宙数字藏品运用在广告行销中，新技术的应用不够成熟之处也是存在的，你认为在营销活动中加入新的技术进行新的尝试是否取得了传统广告达不到的效果？今后再有类似的活动策划该怎样去优化？

2. 将艺术装置置于广告营销中可以提高营销活动对受众的吸引力，但如果后续品牌营销跟不上，则容易造成装置艺术的影响力大于品牌本身的现象？能否通过一些措施来强化品牌认知度？

3. 你还见过其他以装置艺术为主要营销方式的营销活动吗？能否举出 1-2 个案例并分析装置艺术在这些营销活动中的作用。

AI 时代下的"技术 +"模式，科技赋能广告营销

品牌方： 科大讯飞
案例名称： 科大讯飞定制化多语种互动数藏《世界语言江山图》
创意执行方： 科大讯飞股份有限公司
上海国际广告奖奖项： 铜奖

《世界语言江山图》是一幅画卷，也是一座桥梁

将整个世界打开来看，世界就是一个整体，它就是一幅画作。

——科大讯飞

科大讯飞在 1024 开发者大会上推出的多语种互动数字藏品《世界语言江山图》给广告营销带来了一个很有意思的碰撞,它是历史与现代的碰撞,也是中国与国际的碰撞,更是科技与人文的碰撞……作为一个科技公司,科大讯飞是如何赋能营销活动的? 在进行营销活动时,科大讯飞怎样给新时代的数字产品插上了中国传统文化之魂的翅膀? 作为人工智能国家队之一,科大讯飞已成为一个被赋予了国家意义的品牌,在当今各国之间技术博弈,高度重视数据和技术安全的紧张的国际关系下,讯飞在出海的过程中应该如何讲好中国故事? 或许我们可以从本次案例中窥见一二。

一、垂直窄域,好的营销不必非要出圈

《世界语言江山图》这个案例从创意到策划再到执行落地,几乎所有的市场行为和品牌宣传行为都是由科大讯飞来主导的。讯飞坚信,如果连自己都不知道要做什么,那么合作伙伴或者外包的广告公司就更不知道要做什么。当好出题人的一个重要的前提条件,就是自己要先把策略弄清楚。

项目的最开始就是进行定位: 科大讯飞要在 1024 开发者大会上给出一个什么东西?《世界语言江山图》到底是什么?

在这个项目里,科大讯飞选择采用一种长图画卷的表现形式去触达用户,以向每位用户分发一个专属的数字藏品的形式落地,最终通过数字藏品将用户导流到科大讯飞核心产品之一的输入法及其他产品的下载。当然,项目的重点并不是想通过这个数字藏品为输入法提高多少下载量,真正的重点是让更多的人了解到认知到讯飞。

科大讯飞长久以来处于一个知名度高,但认知度却不是很高的状态。大家都听说过科大讯飞,但如果要让每个知道科大讯飞的人说出科大讯飞到底有什么,却有些困难。所以,科大讯飞想通过推出互动数字

《世界语言江山图》数藏示意图

藏品这样比较有趣的方法让用户切身地感受到科大讯飞到底能给大家带来什么。

近些年来的品牌营销都流行"破圈",比如很多奶茶品牌和游戏、电视剧的联名就是典型的例子。但是讯飞对于破圈有着自己的理解,虽然想要提高讯飞的知名度和认知度,但仍希望从锚定的主要受众人群入手。讯飞的核心受众是政府与大型企业里年龄在40岁到50岁之间的核心决策群体,另一部分核心受众就是本次开发者大会辐射到的使用讯飞的技术去做开发的开发者团队,也就是广义上的程序员。1024开发者大会的受众与整个数字藏品的玩家以及与讯飞的核心受众高度重合,讯飞想要在提高两个核心受众群体的好感度与认知度的基础上,再通过辐射效应吸引更广范围的一般消费者。

在整个案例的创意和设计上,科大讯飞挑选了一个让这两部分核心受众人群接受的方式:将数字藏品与中国的传统文化相结合。这种艺术

《世界语言江山图》H5 互动玩法

形式无疑是科大讯飞的核心受众群体们所喜爱的：藏品出街前就已被大量数字技术爱好者蹲守，出街后一周内被一抢而空。

科大讯飞在推出了《世界语言江山图》互动数藏后，借助各类自媒体和一些与 1024 开发者大会合作的 KOL 进行了更广泛推广，借助 2022 年数字藏品刮起来的热潮，吸引广大的用户去下载和试玩，并且《世界语言江山图》还借助了盲盒的形式，用户可以通过不断地尝试获取多个碎片，最终组合成一整幅藏品图，数字藏品＋盲盒的玩法，让用户大量地试玩，不仅提高了单个用户的认知度，还用辐射传播的方式辐射到每一个用户身边更多的朋友。通过这种线上线下裂变参与的形式互动，藏品出街后半月内总浏览量（PV）达到 29.2 万 +，点击播放当地语言点击次数达到 47.9 万次 +，即刻领取数字藏品（星昼引流）点击量达到 5.4 万 +。

或许，好的营销并不一定非要以出圈为目标，用心做好营销活动的每一步，它自会出圈。

二、文化无界，科技搭起沟通之桥

"世界是一个整体，它就是一幅画作。"

很难想象这句充满诗意的话描述的是一个科技公司的产品，也很难想象人们刻板印象中冷冰冰的技术实际上不断地尝试着、推动着世界达成人文共识。保持开放与文化包容一直是世界的主旋律，要促进世界各国朝着天下大同的美好愿景发展，首先就要扫清沟通上的障碍。科大讯飞定制化多语种互动数字藏品《世界语言江山图》生动地展示了科技在推动世界无障碍沟通上的助力。

奥运会、冬奥会、世界博览会……这些国际盛会为世界增加对中国的了解提供了窗口和平台，科大讯飞在 1024 开发者大会上延续了在冬奥会上对古画《清明上河图》进行数字化的创新演绎形式，再次向来自世界各国的宾客展示了一幅动起来的名画。

对于广告本身而言，首先应当考虑要以怎样的形式去表现一个广告的核心要素。所以科大讯飞首先考量的是用怎样的形式来呈现讯飞多语种语言翻译技术这一核心要素。在选择延续冬奥会的画作形式后，又参考了古今各种各样的画作，最后科大讯飞选择了用富有中国传统韵味的知名画作加上潮流与科技的玩法。新与旧的碰撞、历史与新兴交融，却毫不违和。科大讯飞认为，无论时代如何变化，文化中总存在一些共性，反映着一定时代背景下人们的情感共鸣，人类对美的欣赏、对

多语言互动实机演示图

部分语言翻译功能示意图

幸福的永恒追求、对和平的渴望……这些共鸣能够跨越古今，因此，他们选择了用"古"来呈现"今"。

其次则是要考虑广告的受众。正如上面讲到的，1024 开发者大会的受众与讯飞本身的受众高度重合，与会者或是讯飞的核心客户，或是使用讯飞技术的开发人员，还有一些媒体人、投资者，等等。与其说他们是科大讯飞的受众，不如说是多年来与科大讯飞共同前行的朋友，因此科大讯飞借助了 H5 这样互动性较强的、比较好玩的手段，给多年的朋友们赠出一个小小的礼品。

在确认了这几个目标之后，科大讯飞就开始牵头拉动整个项目。在将传统文化的古韵赋予现代的过程中，科大讯飞认为应当更加关注当下的人在情绪上的需求。历史和时代留下来的文化是一个锚点，锚定了中国传承数千年以来文化中没有缺失的精神内核，这些不变的精神内核是我们民族的基调，引导着我们在创新中不变方向。另一方面，中国的文化和科技水平在千年以来一直处于时代和世界的领先水平。透过古画，我们看到了当时人们的想象力，看到了在那样时代下，人们的情绪和需求是如何通过文化抒发与表达的。讯飞借助新的技术，再融合属于当下这一时代的情感诉求、与品牌和产品本身的诉求，将一系列古与今的共鸣、探求、追问给呈现出来，这就是《世界语言江山图》的诞生。

文化没有新旧一说，更没有先进与落后的区别。文化能够贯穿古今，也能联系世界，科大讯飞在1024开发者大会推出互动数字藏品《世界语言江山图》，用古画的艺术载体呈现讯飞多语种语言翻译技术，这不是一种"炫技"，最核心的是让世界不同民族实现跨语言的沟通。不通过传统广告大喊口号的教育和宣传形式，而是让用户点击屏幕，通过指尖感受真正意义上"易如反掌"的世界无障碍沟通，让世界所有人感受到中国和中国的科技企业期待更多向世界发声的愿望。

不论时间，不论地点，只需要轻轻点击一下，就可以与任何肤色、任何民族、任何国家的人沟通，这怎么不算一种科技带来的浪漫呢？

三、科技＋管理，人工智能如何赋能营销

从元宇宙到ChatGPT到人工智能技术，数字化和人工智能已经成为不可逆转的时代趋势。在市场环境更加复杂，企业面临的挑战更加艰巨的情况下，科大讯飞很快意识到企业需要转型。早在2015年，科大讯飞便把自己重新定位为一家AI科技公司，进行完全的品牌升级。当2023年ChatGPT火爆全世界，讯飞凭借多年积累的数据和技术实力迅速跟上，推出了自己的大模型产品——"讯飞星火大模型"。

有了星火认知大模型后，科大讯飞在AIGC[1]赋能广告营销上也进行了不断的尝试。如果我们将一条完整的营销链路划分为五个环节：前端

---

[1] AIGC：生成式人工智能（Artificial Intelligence Generated Content），总体上可将AIGC概括为伴随着网络形态演化和人工智能技术变革产生的一种新的生成式网络信息内容。

的策略、创意的产生及内容的生产、投放与推广、销售的转化，以及最终的客户跟踪与服务，AIGC 都能够赋能营销的全链路。

例如，讯飞已经与迪思传媒完全建立了战略合作，基于星火认知大模型的计算能力在汽车领域、医疗领域、教育领域等五个领域开发出了相应的产品。比如在汽车领域，一方面，AIGC 从根本上改变了原有信息检索的流程，讯飞星火大模型的算力和技术加上迪思传媒多年来积累的营销数据，双方结合就形成了汽车领域的 GPT 模型，为迪思传媒出具市场方案时带来效率的极大提升。另一方面，星火认知大模型能够促进内容生产的标准化，汽车领域需要大量公关稿以及各种的文字性内容，包括测评、汽车功能讲解等内容，这些内容通过星火认知大模型进行标准化产出，能够大量减少人力成本。

除了用科技赋能营销，讯飞在内部推出了广告周期化的三大体系，从管理的角度对营销活动进行指标统一，很好地解决了品效脱离、品牌与市场不互通的问题。

从营销活动的流程角度，讯飞的广告周期化三大体系包括三个维度：品牌传播维度、客户关系维度和转化维度。其中，品牌传播维度主要关注活动的传播效果，客户关系维度则包括了粉丝量等数据和互动情况，而转化维度主要关注投放转化的数据和实际效果如何。这三大体系的建设把整个营销活动全部打通成一个整体的数据化管理方式，目前，讯飞的各项项目从制定到传播再到最终的数据回流和数据分析，都是从这三大指标里去选取相应的二级指标池进行规范。这样一个统一的"度量衡"，不仅能够很清楚地看到用于广告营销的钱到底是花在哪了、有怎样的回报，不再有"我知道在广告上的投资有一半是无用的，但问题是我不知道是哪一半"的难题，也把整个集团处于不同阶段的产品的话语体系全部统一起来，在同一个维度上进行沟通。除此之外，在制定目标和对结果进行复盘的时候，能够让所有的营销活动在同一个维度上对齐颗粒度。

从时间的角度，所谓的"周期化三大体系"也在基于品牌周期理论之上进行了改良，对处于不同阶段的产品进行分周期的动态考察。比如在品牌导入期和产品导入期的时候，对于其传播维度上会设置更高的考核比例，对转化的考量反而低一些，主要看它有没有很好地通过传播建立起用户认知。当产品进入成熟期的时候，考量更多的就是它的转化。

AIGC 为营销活动赋能内容生产。周期化的动态考核加上统一指标化和体系化的管理，为营销活动提供了一把标准统一的尺子，从内到外的武装以应对当前整个风云变幻的市场。

四、科技企业扬起新时代文化出海的风帆

科大讯飞作为我们国家一个带有民族自豪感和骄傲感的品牌，也面临着品牌出海的必经之路。然而正如每一个出海的品牌一样，这条路也注定不是一帆风顺的。

中国所有的品牌出海时都面临着一个重大的问题，那就是中国的文化语境与西方文化语境是完全不相同的，在意识形态本就不同的情况下，加上西方国家对中国的长期仇视、"中国威胁论"的抬头发酵，让中国品牌出海传递民族文化与自信举步维艰。在 2023 年第一次真正意义上的出海前，科大讯飞针对欧洲市场、东南亚市场，以及亚洲的日韩市场进行调研，很可惜地发现哪怕在同属于东亚文化圈内的日韩，当品牌想要去表达中国的价值观时，对方国家和市场都是极度不认可的。

于是，科大讯飞的出海战略绕开了民族文化，而从一些人性共识的角度入手：第一，产品为先，做好产品，不去说任何关于价值观的东西。前些年"Made in China"的标签几乎贴满全球轻工业产品，这一方面说明中国作为制造业出口大国的工业实力，另一方面也说明了海外市场对中国产品的认可，只有物美价廉、品质过硬的产品才能迅速霸占

全球市场，这个朴实的道理在科技出海上也一样。第二，在树立品牌价值时更多地体现品牌的友好文化，而不要大谈民族自信。无论是科大讯飞还是其他企业，在出海时应首先以开放友好的姿态在国外市场站稳脚跟，在希望向海外市场发出一些中国声音之前，先充分表达自身的友好和包容的态度。

2023 年，科大讯飞通过赞助布达佩斯田径世锦赛，在世界范围内延续了冬奥的故事。这是科大讯飞在海外打响的一场让世界沟通无障碍的"战役"，讯飞的多语言翻译技术是硬实力，加上让多个国家无障碍沟通的价值内涵，在欧洲这个由多个国家、多个民族组成的大舞台上获得了广泛的认可。

正如中国人民朴素价值观中一直坚信的那样，只要产品够硬，脚踏实地做好实事，就能得到认可。在讲好中国故事和中国文化上，我们不必要刻意去输入什么，只要我们的价值观符合世界人民对美的追求、对和平的渴望、对幸福的期待，那么总能与世界达成共识。山高路远，我们把心慢慢说与世界。

参考文献
[1] 李白杨，白云，詹希旎等：《人工智能生成内容（AIGC）的技术特征与形态演进》，《图书情报知识》，2023 年第 1 期

延伸思考
1. 在广告营销的五个环节中，AI 具体可以如何赋能每个环节？
2. 科大讯飞的广告周期化三大体系建设还有何可以完善的地方？
3. 在中国品牌出海的问题上还有什么策略上的好建议（可以试着从宏观到细节进行分析）？

裸眼 3D 新纪元，
宝马 mini 领航未来

品牌方： 宝马

案例名称： 全球最大裸眼 3D 球幕美罗元宇宙 & 宝马 mini 地标营销

创意执行方： 上海息络视飞科技有限公司

上海国际广告奖奖项： 银奖

上海息络视飞科技有限公司拓展资料

　　上海美罗城球幕广告的深度探索不仅为广告行业带来了全新的创意空间，也为品牌传播和用户互动提供了更多的可能性。

——上海息络视飞科技有限公司

从昔日繁华的户外广告，到今日蓬勃发展的线上数字广告，再到眼下初露锋芒的元宇宙广告，每一次技术的飞跃，都为广告创意和传播方式赋予了前所未有的活力与可能。在这个数字化、智能化的新时代，广告行业正迈入一个崭新的黄金时期。而元宇宙广告，作为这一时代的璀璨新星，凭借其独特的沉浸体验和互动性，已然成为广告领域的新宠，吸引了无数目光的聚焦。元宇宙是否已经成为户外广告新载体？在进行广告投放前，执行团队如何能够精准洞察受众？美罗城作为上海的地标之一，其对城市形象传播❶又具有怎样的作用？

一、技术发展推动户外广告新风尚

在与宝马mini的跨界合作中，美罗元宇宙巧妙地将整个广告空间打造成一个震撼人心的超级电子球。球体表面流光溢彩，犹如科幻世界中的未来装置，散发出超燃超炫的电子感。这得益于技术的推动，使得户外广告不再局限于平面的展示，而是能够呈现出立体、动态的视觉效果。

在广告细节的展现上更是匠心独运。宝马mini的车型在球体上以3D立体形式呈现，仿佛真实存在于观众眼前。车身线条流畅，细节精致，每一个角度都展现出宝马mini的精湛工艺和独特魅力。同时，球体上的光影效果与车型相互呼应，营造出一种视觉上的强烈冲击力，让人过目难忘。更令人惊叹的是，美罗元宇宙的裸眼3D技术让广告画

❶ 城市形象传播：可以被理解为由城市形象传播者（包括城市政府、企业、市民等）发起的，通过有选择的城市符号或城市符号组合传递城市理念，以吸引城市内外部公众的行为或过程。国内学界尚未对城市形象传播统一定义，但主要流派可以分为两类：一方面是从宣传角度强调城市形象，其目的在于通过大众传媒向外界推广自身，以达到增强城市竞争力的目的，这种行为的发起者可能是政府、企业、市民，在传递城市理念的过程中还可以吸引城市外部的公众，从而对城市产生印象；另一方面是从传播过程的角度出发，认为城市形象传播并非单向的传输过程，而是双向的信息交流与接收过程。

上海息络视飞科技有限公司供图

面产生了强烈的立体感。观众无须佩戴任何设备，仅凭肉眼就能感受到仿佛身临其境的体验。这种创新策略不仅让广告更具吸引力，更将宝马mini 的品牌形象深深地烙印在观众心中。

技术对户外广告的推动不仅限于视觉效果的创新，更在于裸眼 3D 技术的运用。相较于传统的户外广告形式，裸眼 3D 技术将打破单一视觉体验的局限，为观众带来多感官的沉浸式体验。未来的广告将不再局限于视觉呈现，而是将声音、气味、触感等多种感官元素融入其中。观众在欣赏广告的同时，仿佛能够感受到产品的质地、气味和温度，这种全方位的感官体验将让广告更加真实、生动。

除此之外，裸眼 3D 技术还将结合 AI 人工智能计算，实现广告的自动生成与创意迭代。在 AI 的赋能下，广告创意的生成将变得更加智能化、高效化。广告设计师可以通过输入关键词或设定目标受众，让 AI 自动生成符合要求的广告创意。同时，AI 还能根据观众的反馈和行为

上海息络视飞科技有限公司供图

数据，实时调整广告的内容和形式，确保广告能够精准触达目标受众，实现最佳的传播效果。这些创新形式的广告将打破传统广告的界限，让广告行业焕发出新的活力。它们不仅将提升广告的吸引力和传播效果，还将为品牌创造更多的商业价值和机会。

我们相信随着技术的不断发展，裸眼3D技术将在广告领域展现出更加广阔的应用前景和无限的创新可能。我们期待着这些创新形式的广告能够为我们带来更加真实、生动的体验，同时也为广告行业的未来发展注入新的动力。

二、精准洞察实现跨平台创新营销

在制定广告策略时，对目标受众的深入洞察无疑是一枚至关重要的棋子。在这个信息爆炸的时代，仅仅依靠传统的广告手段已经难以打动

上海息络视飞科技有限公司供图

消费者，更难以在激烈的市场竞争中脱颖而出。因此，执行团队需要通过借助各种先进的工具和方法，如数据分析和社交媒体监测，以获取对目标受众的精准洞察。

以此次美罗城与宝马 mini 的合作为例，执行方通过对目标受众的深入洞察，成功地将品牌形象与受众需求相结合。执行团队发现，宝马 mini 的目标受众是一群追求时尚、独立、有个性的年轻人。他们热爱自由，注重品质，同时也不失对环保和科技的关注。基于这些洞察，以此来精心策划了一系列充满创意和活力的广告，以展现宝马 mini 的时尚外观、卓越性能和环保理念。这些广告不仅成功吸引了目标受众的眼球，更让他们对宝马 mini 产生了强烈的共鸣和好感。

当然仅仅制定出一个好的广告策略还远远不够。在广告执行后，对广告效果的评估同样重要。评估广告效果不仅仅是关注播放量、点赞量等表面数据，还需要关注更深层次的指标，如关注者、点赞者的基本数据如区域、职业、年龄、爱好、品牌认知度等。这些指标能够更全面地反映广告效果和投资回报率，帮助广告策划者更准确地了解广告的传播效果和受众反馈。

在和宝马 mini 的这次合作中，作为广告公司，要通过多种评估方法，全面了解广告的传播效果和用户反馈。经过调查发现广告在社交媒体上引发了广泛的讨论和关注，许多用户纷纷表示对宝马 mini 产生了浓厚的兴趣。同时还提升了宝马 mini 的品牌认知度和美誉度，为品牌赢得了更多的忠诚用户和潜在消费者。这些评估结果不仅为广告策划者提供了重要的参考依据，更为后续的执行提供了宝贵的经验和启示。

因此在制定广告策略和执行广告时，关于目标受众的深入洞察和广告效果的全面评估都至关重要。只有真正了解受众需求和市场需求，才能制定出更具针对性和创意性的广告策略；只有全面评估广告效果，才能确保广告投资的回报率和品牌的持续发展。

在数字化时代，广告传播已经不再是单一渠道的展示，而是需要线上线下整合营销。在宝马 mini 的地标营销中，充分利用了美罗元宇宙的裸眼 3D 技术打造震撼的线下广告，同时结合线上社交媒体和短视频平台进行传播。通过线上线下整合营销，成功地实现了广告的广泛覆盖和深度互动，提高了品牌的知名度和美誉度。

三、元宇宙广告发展新趋势

元宇宙广告作为广告行业的新领域，具有无限的可能性。在和宝马 mini 的合作中，美罗元宇宙作为广告的新平台，为广告行业带来了很多可能性。未来，随着元宇宙技术的不断发展和完善，元宇宙广告将呈现出更加丰富多彩的形式和内容。例如，利用 VR 技术打造虚拟场景，让观众身临其境地感受产品的特点和优势；邀请虚拟偶像担任代言人，

上海息络视飞科技有限公司供图

利用其在元宇宙中的影响力进行品牌推广；通过区块链技术实现广告的透明度和可信度等。这些创新形式将打破传统广告的界限，为广告行业带来更多的商业价值和社会价值。

元宇宙广告的深度探索不仅为广告行业带来了全新的创意空间，也为品牌传播和用户互动提供了更多的可能性。在元宇宙中，品牌可以创建自己的虚拟空间，通过虚拟现实（VR）和增强现实（AR）技术为用户提供沉浸式的品牌体验。用户可以在虚拟空间中与品牌进行互动，参与品牌活动，甚至购买虚拟商品。

未来，随着元宇宙技术的不断发展和完善，元宇宙广告将呈现出更加丰富多彩的形式和内容。品牌可以在元宇宙中举办虚拟发布会、音乐会、展览等活动，吸引用户参与和互动。同时，品牌也可以利用元宇宙的社交属性，建立虚拟社区，与用户进行更加深入的交流和互动。

四、地标广告成为传播城市形象新载体

在城市的繁华与喧嚣中，地标广告以其独特的视觉冲击力和影响力，成为塑造和传播城市形象的重要载体。而美罗城，以其独特的建筑设计和优越的地理位置，成为上海城市形象的重要组成部分。在与宝马mini 的跨界合作中，不仅展现了品牌之间的创新合作，更在无形中为城市形象传播产生了深远的影响。

地标建筑往往具有鲜明的个性和特色，它们或因其独特的设计，或因其承载的历史文化，成为城市的标志和象征。美罗城作为一座融合了现代与传统、艺术与实用的建筑，其独特的建筑风格和丰富的文化内涵，已经成为城市形象的代表。

当宝马mini 选择与美罗城进行跨界合作时，这一举措无疑为城市形象传播注入了新的活力。通过在地标建筑上投放广告，宝马mini 的品牌形象得到了进一步的强化和传播，而美罗城作为城市地标的地位也得到了进一步的巩固和提升。这种双赢的合作模式，不仅为品牌带来了商业价值，更为城市形象传播注入了新的元素和动力。在宝马mini 与美罗城的合作案例中，我们可以看到品牌之间的创新合作和城市形象的有效传播。

地标广告以其独特的地理位置和视觉效果，成为城市形象传播的重要工具。美罗城作为城市地标，其广告位具有极高的曝光率和关注度。宝马mini 的广告不仅吸引了过往行人的目光，更通过社交媒体等渠道的传播，让更多人了解到了城市的美罗城和宝马mini 的品牌形象。这种广告效应不仅提升了宝马mini 的品牌知名度，也进一步强化了美罗城作为城市地标的形象，从而推动了城市形象的整体传播。

地标广告不仅是商业营销的手段，更是城市文化的展示窗口。美罗城作为城市地标，其广告内容往往与城市文化紧密相连。宝马mini 的广告在设计中融入了城市的历史、文化、风俗等元素，让公众在欣赏广

告的同时，也能感受到城市的魅力和底蕴。这种广告与城市文化的融合，不仅增强了广告的吸引力和感染力，也进一步推动了城市文化的传承和发展。

地标广告的成功投放，不仅有助于提升品牌自身的价值，更能为城市品牌价值的提升作出贡献。美罗城作为城市地标，其广告位的价值不言而喻。宝马 mini 选择在此投放广告，不仅是因为其独特的地理位置和视觉效果，更是因为其能够借助美罗城的影响力，提升品牌在城市中的知名度和美誉度。同时，这种合作也为美罗城带来了更多的商业机会和关注度，让更多的人了解和认识这座城市。同时，地标广告还可以吸引更多的游客和投资者前来参观和投资，促进城市的经济发展和形象传播，进一步提升了城市品牌的整体价值。

美罗城与宝马 mini 的合作案例为城市形象传播提供了宝贵的启示：品牌在策划和实施广告活动时，应充分利用地标建筑的独特优势，将品牌与城市形象紧密结合，通过创新的设计和传播方式，强化城市形象的传播效果，提升城市的知名度和美誉度。同时，我们也应关注广告与城市文化的融合，让广告成为展示城市文化、传承城市精神的窗口。

参考文献
[1] 马诗思：《博物馆对城市形象的建构与传播研究》，安庆师范大学，2022

延伸思考
1. 裸眼 3D 技术在广告行业中具有哪些独特优势？请结合美罗元宇宙与宝马 mini 的合作案例，分析该技术如何增强广告的吸引力和互动性。
2. 在广告策划中，消费者洞察的重要性体现在哪些方面？请基于美罗元宇宙与宝马 mini 的合作，讨论如何通过对目标受众的深入洞察来制定更有效的广告策略和创意内容。
3. 在数字化和智能化的新时代，跨平台营销对品牌传播有何重要意义？结合美罗元宇宙与宝马 mini 的合作案例，分析如何利用不同平台的特点进行广告传播，以实现最佳的营销效果。
4. 随着技术的不断发展，未来广告行业将呈现哪些新趋势？请讨论裸眼 3D 技术、AI 人工智能等新技术将如何与广告创意和传播策略相融合，为广告行业带来哪些新的可能性和挑战。同时，分析这些新技术对广告专业人才的要求和影响。

元宇宙中的 WOW 桶聚会狂欢

品牌方： 肯德基
案例名称： 肯德基 WOW 桶，重新 AI 上聚会
创意执行方： 小米商业营销
上海国际广告奖奖项： 银奖

小米商业营销供图

在数字化与智能化浪潮的推动下，品牌间的跨界合作成为市场营销的新高地。

——小米商业营销

　　在数字化浪潮席卷全球的今天，社交方式正经历着翻天覆地的变革。特别是在疫情的影响下，传统的线下聚会方式受到了前所未有的限制，而线上虚拟聚会则成为年轻一代新的社交宠儿。小米商业营销携手肯德基在元宇宙❶时代合作，通过深入的市场研究和数据分析，成功洞察了年轻消费者对于虚拟聚会体验的特殊需求，共同打造了一场别开生面的虚拟聚会——"WOW桶黑科技电音季"，成功引领了创新营销策略的新风潮。小米商业营销与肯德基之间的合作是如何开展线上云聚会的？在合作期间，肯德基是如何调动品牌资产和放大数字化优势的？小米商业营销是如何利用自身的技术优势展开此次的跨界合作的？此次的跨界营销是否对双方产生了积极影响？

一、创新融合：电音季引领虚拟聚会新纪元

　　在疫情肆虐的日子里，年轻人们对社交聚会的渴望并未减退，反而因为现实的限制而愈发强烈。他们渴望与朋友们保持紧密的联系，分享生活的点滴，但线下聚会的难度却越来越大。小米商业营销敏锐地捕捉到了这一需求痛点，利用其在智能家居领域的深厚积累，结合小爱同学的虚拟形象，为年轻消费者打造了一个全新的虚拟聚会平台。

　　这个虚拟聚会平台不仅为年轻人们带来了真实而沉浸的社交体验，还满足了他们多样化的社交需求。通过小米商业营销的智能硬件设备，如电视、音响、智能手环等，年轻人们可以与小爱同学进行亲密互动，畅享虚拟聚会带来的无限乐趣。同时，小爱同学的智能语音功能也得到了深度整合，用户可以通过语音指令轻松控制聚会进程，增强了聚

❶ 元宇宙："元宇宙"一词出自作家Neal Stephenson的科幻小说《雪崩》。在这本小说中，人类通过"avatar"（数字替身），在一个虚拟三维空间中生活，作者将那个人造空间称为元宇宙。互联网界目前对于元宇宙的共识是：它是从互联网进化而来的一个实时在线的世界，是由线上、线下很多个平台打通所组成的一种新的经济、社会和文明系统。

小米商业营销供图

会的互动性和趣味性。

　　肯德基作为合作伙伴，巧妙地将旗下宅急送的核心品牌资产——"WOW桶"融入活动之中。这款适合多人分享的美食与虚拟聚会的社交场景巧妙契合，为活动增添了更多美味与欢乐。通过这一创新的方式，肯德基成功吸引了大量年轻消费者的关注，并推动了"WOW桶"的销售增长。

　　"WOW桶黑科技电音季"项目的成功，不仅在于肯德基品牌对受众的深刻理解，更在于对社交媒体传播力量的充分利用。通过微博等平台的话题营销，项目成功引发了用户的热烈讨论和广泛传播，实现了人群的广泛破圈。最终，"电音不停WOW不停"的微博话题浏览量近亿，讨论量超过百万次，充分证明了项目的强大影响力和传播效果。同时为了吸引更多的人群参与，肯德基还设计将肯德基宅急送的用户、小米商业营销的米粉群体以及明星粉丝融为一体。通过这一创新的方式，不仅打破了原有的界限，还能够让不同圈层的人群都能参与到活动中来，共同分享这份欢乐。

在这个社交距离被放大的时代,小米商业营销与肯德基携手打造的"WOW桶黑科技电音季"项目,以其独特的创意和前瞻性的视角,成功地为年轻消费者们搭建了一座跨越现实与虚拟的社交桥梁。它不仅满足了年轻人在特殊时期对社交的渴望,也为我们展现了智能家居与餐饮体验结合所蕴含的无限可能。

二、智能家居联动:小米商业营销轰趴模式启新篇

小米商业营销与肯德基的跨界合作,以元宇宙为平台,通过创新的营销策略,实现了品牌的深度融合和互相促进。在合作过程中,双方团队紧密协作,共同打造了一系列充满科技感和未来感的营销活动。

首先,小米商业营销利用其先进的科技实力,构建了一个充满未来感的元宇宙空间。这个空间不仅具有高度的沉浸感和互动性,还融入了双方品牌的元素和特色。用户可以在这个空间中自由探索、互动交流,体验前所未有的虚拟世界。

其次,为了吸引用户的参与和提升活动的趣味性,小米商业营销与肯德基共同设计了一系列丰富的互动玩法。这些玩法包括虚拟游戏、挑战赛、抽奖等,用户可以通过参与这些活动获得丰厚的奖励和优惠。同时,这些玩法还融入了双方品牌的经典产品形象,让用户在参与过程中更加深入地了解品牌。为了让用户能够更便捷地购买产品,小米商业营销与肯德基打通了后链路购买流程。用户在参与活动的过程中,可以直接跳转到购买页面进行下单购买。这种无缝衔接的购买体验不仅提升了用户的购买意愿和满意度,还促进了销售额的增长。

在小米商业营销与肯德基的合作过程中,双方展现出了对用户反馈的高度重视和深度整合能力。他们通过收集并分析用户的满意度、参与度和建议,不断调整和优化合作策略,确保活动能够最大限度地

小米商业营销供图

满足用户需求。

在广告曝光途径的选择和投放策略的制定上，肯德基结合自身的外送业务经验和消费者需求反馈机制，通过运用第三方媒介分析工具与消费者洞察工具，精准捕捉市场脉搏和消费者行为趋势，还积极引入 AI 技术和其他科学量化数学模型，以获取更加全面、深入且独特的市场见解。

小米商业营销与肯德基的合作充分展现了双方对市场洞察的敏锐度和对数据分析的深入运用。他们通过不断地实践、学习和创新，不仅提升了自身的市场竞争力，也为其他品牌提供了宝贵的经验和启示。这种基于用户反馈、市场洞察和数据分析的合作模式，将成为未来品牌合作的重要趋势。

小米商业营销与肯德基的跨界合作，共同提升了各自的品牌影响力和市场地位。在元宇宙空间中，两个品牌的元素和特色得到了充分

小米商业营销供图

展示和传播，吸引了大量用户的关注和参与。这种跨界合作不仅让它们在行业中树立了创新、前沿的形象，还显著提升了品牌的竞争力。

这次合作为整个营销行业带来了重要的启示。它展示了在元宇宙时代下，品牌如何通过创新营销策略实现双赢的可能性。这种合作模式激发了更多品牌探索新技术、新模式的热情，为营销行业带来了新的发展机遇。随着技术的不断进步和市场的不断发展，我们有理由相信，未来将有更多品牌加入这一领域中来，共同推动营销行业的创新与发展。

三、跨界合作：创新营销新方式

在数字化与智能化浪潮的推动下，品牌间的跨界合作成为市场营销的新高地。小米商业营销与国民快餐品牌肯德基携手，成功将小爱同学的智能交互特性与肯德基的营销活动相结合，开启了一场创新的品牌联动之旅。这次跨界合作不仅精准地洞察了市场趋势，更深刻地理解了年轻消费者的需求，为双方品牌带来了前所未有的合作体验。

除了智能家居的联动，双方还共同打造了一个线上元宇宙空间，为消费者提供了一个虚拟世界的互动平台。在这个空间里，消费者可以与朋友们一起参与活动，享受别样的乐趣。同时，购买肯德基宅急送 WOW 桶的消费者还能获得小米商业营销产品的优惠券，这种跨界合作的方式不仅提高了产品的附加值，也极大地激发了消费者的购买欲望。

此次合作中的创新元素尤为引人注目。肯德基宅急送 WOW 桶独特的促销机制"美味随心配，点满 59 元享 8 折"满足了消费者对个性化与实惠的追求，同时提升了客单价和品牌忠诚度。高价值的奖品权益，如小米商业营销产品代金券和智能产品大奖，激发了消费者的购买欲望，进一步推动了销售增长。最让人记忆深刻的是虚拟与现实结合的创新体验，消费者扫描肯德基宅急送 WOW 桶实体包装上的二维码，即可穿越时空进入虚拟电音云派对，DIY 数字人形象和定制皮肤，自由选择心仪的音乐，呼朋唤友开启云蹦迪派对，并通过社交分享将广告影响力扩散至更广泛的受众。

相关负责人表示，此次跨界营销活动的最大亮点在于其突破性和创新性。通过 360 度的全方位联动，不仅为肯德基带来了实物产品外的科技属性，吸引了年轻消费者，也为小米商业营销打造了线上元宇宙空间，实现了智能家居与餐饮品牌的深度结合。这种创新合作模式不仅实现了双方品牌的互利共赢，也为市场带来了全新的营销启示，预示着未来品牌合作的新趋势。

四、技术发展：广告媒介形式多元化

在今日的广告媒介环境中，我们不难发现，广告的媒介形态已经跨越了传统的藩篱，展现出前所未有的多元化。正如本文案例所展现的那

小米商业营销供图

样，广告不再只是囿于电视、报纸或户外广告牌的局限，而是跃然于数字化、智能化和社交化的新媒体平台之上，以崭新的姿态与消费者进行深度互动。

在这个数字时代，技术的迅猛发展为广告媒介的创新注入了源源不断的活力。在肯德基与小米商业营销的合作案例中，小米商业营销凭借其在智能家居领域的深厚底蕴，为广告带来了前所未有的交互性。用户通过家中的智能设备，如电视、音响、智能手环等，能够与小爱同学进行无缝对接，仿佛置身于一个充满欢乐与惊喜的虚拟聚会之中。这种基于数字技术的广告形式，不仅为用户带来了前所未有的真实感和沉浸感，更是极大地增强了广告的吸引力和传播效果，使得品牌信息能够深入人心。

与此同时，社交媒体也已成为广告传播中不可或缺的重要力量。肯德基与小米商业营销充分利用了微博等社交媒体平台,通过精心策划的话题营销,引发了广大用户的热烈讨论和广泛传播。社交媒体的即时性、互动性和广泛性,使得广告能够迅速触及目标受众,并通过用户之间的分享和转发,实现裂变式传播。这种传播方式不仅极大地提升了广告的覆盖率和影响力,更为品牌塑造了更加立体、生动的形象,增强了消费者对品牌的认知度和好感度。

如今的广告媒介已经不再是单一的、传统的形态,而是呈现出多元化、数字化、社交化的特点。在这个变革的时代,品牌方需要紧跟时代潮流,勇于探索和创新,充分利用新技术和新媒体平台,打造独具特色的广告形式和传播策略。只有这样,才能更好地满足消费者的需求和期望,实现品牌与消费者之间的深度互动和连接。

参考文献
[1] 喻国明：《未来媒介的进化逻辑："人的连接"的迭代、重组与升维——从"场景时代"到"元宇宙"再到"心世界"的未来》，《新闻界》，2021年第10期

延伸思考

1. 请从目标受众、品牌定位、营销策略等角度阐述肯德基与小米商业营销的跨界合作是如何通过元宇宙平台实现品牌深度融合的？

2. 在肯德基"WOW桶黑科技电音季"项目中，是如何运用智能家居技术、虚拟形象等创新元素来增强虚拟聚会的沉浸感和互动性。这些创意元素对提升用户参与度和品牌认知度有何影响？

3. 基于文章分析"电音不停WOW不停"这一话题在社交媒体上的营销策略和效果。如何有效地结合肯德基品牌特点和用户兴趣点来制定策略，以引发用户热烈讨论和广泛传播？

4. 在肯德基"WOW桶黑科技电音季"项目中，用户反馈如何影响活动设计和执行过程？请基于用户数据收集和分析，讨论如何根据用户反馈来优化营销策略和用户体验。

效果营销

一车，两人，无限延伸的"新式婚礼"

百声嘱咐，百声祝福

花式"准考证"告别高考，仪式感撬动咖啡营销

世界狂欢下的借势营销，一场美食拼成的赛事预告

文化空间新探索：一次书店与电话亭的现代对话

一车，两人，
无限延伸的"新式婚礼"

品牌方： 凯迪拉克
案例名称： 新人来了
创意执行方： SG 胜加
上海国际广告奖奖项： 银奖

（实现我们的婚礼自由）

本次营销活动的广告片段

　　中国青年男女的婚恋观念处在变革当中，与婚恋相关的物质产品也在被重新定义。婚车已从最初的财富、地位象征，转换成了新人个性、爱、自由的延伸。我们意识到品牌要占据的并不是婚车定位，而是婚车背后的新人。

——SG 胜加

在中国，年轻一代的婚恋观念正掀起一场深刻的革命，与此同时，与婚恋相关的传统物质符号也正经历一场前所未有的重塑。特别是婚车，这个一度只是财富与社会地位象征的符号，如今已全然蜕变为新人表达个性风采、爱情信念与追求自由生活的重要载体和象征。凯迪拉克，这一豪华汽车品牌，携手创意代理商胜加，精准捕捉到这一社会变迁，共同策划了主题为"新人来了"的情人节营销活动，旨在通过创新营销策略建立品牌与年轻一代的情感共鸣，同时强化其CT5车型的市场影响力。

在《新人来了》品牌广告中，通过对不同年代新人婚礼的回顾，找到凯迪拉克作为豪华品牌在历史上的经典使用场景——婚车，再结合当前新时代新人的结婚特点，选用素人情侣的真实婚礼片段，结合访谈形式呈现，以具有感染力的场景唤起当代年轻人的共鸣。

该营销活动全网平台投放的周曝光数据超过4.1亿，其中微博平台阅读量超1.7亿，抖音平台阅读量超1.04亿。线上，借助主流媒体平台的核心资源集中扩散，同时通过社交话题＋达人内容矩阵，以场景化

本次营销活动的广告片文案

沟通，收获用户好感和讨论度。并且，联动部分线下经销商提供专属的婚车官方金融政策及购车礼遇，承接传播热度，实现了品牌与年轻人的深度互动和销售转化❶。

　　"新人来了"营销活动取得了理想的效果，实现了品牌与年轻人的情感共鸣，巧妙地强化了凯迪拉克 CT5 "一车两人"的产品定位。那么，它是如何具体地做到在年轻人群体中形成影响力的呢？如何从受众洞察切入，借社会话题引发情感共鸣？在未来，对于品牌而言，又该如何把握这波"新潮"，顺势发展？

一、新潮婚车与年轻"新人"的浪漫邂逅

　　"新人"一语双关，既指新婚夫妇，也指敢于为爱创新的年轻人。"新人"的勇气和创造，与凯迪拉克敢于创新、敢为人先的精神内涵深度契合。我们广告片结尾讲"百年时光流转 勇气、创造与爱始终如新"，既是讲"新人"，也是讲凯迪拉克。

——凯迪拉克

　　自 1902 年创立以来，凯迪拉克便以其尊贵非凡、创新无限与卓越性能，成为全球豪华汽车领域的标杆。品牌秉承"胆识、格调、创新"的核心价值观，致力于为每一位追求者带来非凡驾驶体验与尊贵服务享受。每一款车型，皆是对豪华、科技与艺术完美融合的不懈追求的体现。

　　在中国这片充满活力的土地上，凯迪拉克以其独特魅力，吸引着那些追求高品质生活、拥有独立思想与个性化需求的消费群体。特别是

---

❶ 销售转化：销售转化可以理解为将潜在客户转变为实际销售的过程和方法。销售转化模型包括了从潜在客户意识到需求，再到购买决策并最终实际购买的整个过程。这个过程涉及广告宣传、市场推广、销售技巧和售后服务等多个环节。

CT5 车型，自 2019 年推出以来，凭借其独树一帜的设计语言与卓越非凡的性能表现，深得年轻消费者青睐。凯迪拉克将 CT5 定位为"一车两人"的情侣和小夫妻理想座驾，因此希望在情人节节点，打造一场别开生面的营销活动，结合品牌历史和婚车基因，强化凯迪拉克 CT5 的市场定位和婚车使用场景，增加品牌厚度。

今天大家或许会认为，年轻一代对举办婚礼的热情有所减退。然而背后其实是，年轻一代的婚恋观念正在经历着深刻变革。他们不喜

本次营销活动的广告片段

欢遵循传统的形式，渴求更加个性化、创新且富有意义的婚礼体验；对于婚车，亦从昔日的财富与地位象征，转变为新人个性、爱情与自由的延伸。

新人们正以独特的方式创造着属于自己的新式婚礼，用更多元、更突破常规的形式去表现爱情——把婚礼办成 live house，二次元婚礼，用飞盘代替手捧花……"新式婚礼"背后蕴含的勇敢、创新，正好与凯迪拉克品牌的精神不谋而合。

换言之，凯迪拉克所占据的并非仅仅是婚车的定位，更是婚车背后的新人。透过婚礼的窗口，寻找与当代情侣更深的情感纽带，使 CT5 成为最懂情侣的座驾。"新人来了"营销活动旨在通过创新的营销策略，与年轻一代建立情感共鸣，同时强化 CT5 的市场影响力。"新人"既指向新婚夫妇，亦代表那些敢于为爱创新的年轻人。凯迪拉克期望借此活动，强化年轻消费者对品牌的认知与共鸣，进而转化为实际的购买行为。

凭借精准的目标受众定位、创新的传播内容与多渠道的媒介策略[1]，"新人来了"实现了以小成本获取大效果的营销目标。凯迪拉克巧妙借助情人节这一浪漫时刻，不仅将品牌情感与节日氛围紧密相连，更通过结合线上线下的整合营销手段，实现了品牌传播和销售促进的双重效果。巩固凯迪拉克在年轻消费群体中前卫、浪漫的品牌形象的同时，亦建立起品牌与当代新人及婚礼场景的连接。

[1] 媒介策略：广告媒介策略是指广告宣传活动中所采用的各种媒介形式和手段，包括广告的投放、传播、推广等各个环节。广告媒介策略的制定需要考虑到多种因素，包括目标受众、广告内容、广告预算、媒介类型等。

二、"新人"个性唤醒社会情绪价值

"新人来了"情人节营销，以一支全新演绎的视频呈现本次传播的主张：百年时光流转，勇气、创造与爱，始终如新。从目标受众的视角展开叙事，凯迪拉克找到与年轻市场对话的有效切入点，唤醒了以"婚礼"为链接的社会性话题的共鸣。

首先，品牌关注到了当代年轻人对于个性的普遍追求。"新人来了"系列品牌内容精准契合目标受众偏好，通过展示多样化的新式婚礼，呼应年轻消费者为爱自由创造的精神与勇气。利用情人节的节点，凯迪拉克邀请当代新人，由他们描述新式婚礼的样子——运动会、音乐会和一场旅行……唤起共鸣的同时带来新的启发，即"我也可以改变传统婚礼"。在这一过程中，凯迪拉克也成为了新式婚礼的重要组成。不仅展现了品牌对年轻消费者个性化需求的尊重和满足，也进一步巩固了在年轻群体中的形象，成为他们心中理想的汽车品牌选择。

其次，"新人来了"营销活动以其独到的创意表现，成功地将凯迪

本次营销活动的广告片段

（我们的婚礼就是两个人 一台车 一只狗）

（然后全国各地到处走）

（实现我们的婚礼自由）

本次营销活动的广告片段

拉克深厚的品牌历史与年轻一代对新式婚礼的向往相融合。通过精心挑选的真实婚礼素材和深入的访谈形式，展现了当代年轻人生活的不同样态。真实性和感染力的创意内容，不仅加深了消费者对凯迪拉克品牌的认知，更强化了品牌与消费者之间的情感纽带。

最后，"新人来了"营销活动还巧妙地将品牌融入社会文化背景中，通过新式婚礼这一社会现象，展现了品牌对社会变迁的敏感度和参与度。为爱创造的新，其实在每一届新人的婚礼上都可以找到，比如说90年代自由开放的舞会婚礼、千禧年的集体婚礼、按自己喜好装饰婚车……这种敢于自我表达、敢于为爱创新的勇敢，正是凯迪拉克与新人们的连接点。在《新人来了》品牌视频中，几对素人新婚情侣的不同婚礼形式的故事讲述，都有结合凯迪拉克CT5这一产品，这种表现形式，不仅仅是对产品功能的介绍，更是社会价值观的具象体现。

从80年代逐渐开放时髦的婚礼，到90年代自由风光的婚礼，再到当代新人多元个性的婚礼，每一代新人都在创造属于自己的新。曾经选择凯迪拉克做婚车，是时髦前卫的表现，如今，它依旧是个性求新的婚车代表。通过聚焦个性化体验、情感共鸣、社会文化连接和价值认同等方面，"新人来了"不仅在情感层面与消费者建立了深度联系，更实现了品牌信息的有效传播，进一步加深了消费者对品牌的印象和忠诚度。

三、深化市场洞察，有效触达受众

年轻一代的婚恋观念正在经历变革，他们对个性化和创新的追求使得传统的婚礼形式和婚车不再成为必需的选择。因此凯迪拉克在维护其高端品牌形象的同时，也需要发掘和适应新的市场需求，与年轻消费者建立起新的联系。同时，在汽车行业特别是豪华车市场，品牌间的竞争日趋白热化，凯迪拉克需要通过创新的营销策略来吸引目标消费者的注意力，并在众多竞争品牌中脱颖而出。此外，数字化时代的媒介环境多变，消费者的媒介接触习惯和偏好不断演变，这要求广告主精准把握媒介趋势，有效触达受众。

于是凯迪拉克采取了一系列措施，以推动实现本次情人节营销活动的目标成果。首先，通过深化市场洞察，深入研究年轻消费者的婚恋观念和行为模式，了解了他们对新式婚礼的偏好和需求，这为营销策略的内容制定奠定了坚实的基础。接着，凯迪拉克创新了沟通策略，从新人追求新我的精神切入，寻找凯迪拉克与情人节的契合点，巩固CT5"一车两人"的标签，而且借助能够引起广泛共鸣的创意内容，增强了品牌与消费者之间的情感联系。

在媒介层面，凯迪拉克根据市场洞察结果，选择了与目标受众接触最频繁、互动性最强的平台进行广告投放，如微博、抖音等社交媒体平台，以实现更精准的触达和最佳传播效果。此外，在营销活动中通过量化评估，如曝光量、点击量、互动量等指标，对效果进行衡量和优化，也有助于进一步优化营销策略。

通过上述措施的实施，凯迪拉克"新人来了"营销活动为品牌带来了声量、形象、销售促进等多方面的成效。这一案例是豪华汽车品牌借助大众化节点深度沟通年轻一代消费者的成功实践，也展示了在快速变化的市场环境中，如何通过精准的市场洞察、优秀的创意内容和有效的媒介运用，为品牌更好地达成传播目标。

四、数字先行，以小见大的品牌高效传播

通过精准的人群洞察和优秀的创意表现形式，"新人来了"情人节营销吸引了目标受众的广泛关注，实现了品牌信息的高效传播。营销活动不仅在线上取得了成功，其线下优惠政策的设计与实施，也得到了经销商的积极响应，进一步推动品牌与消费者的互动和产品的销售。

面对数字化时代的市场环境和消费者行为的不断演变，我们认为，凯迪拉克品牌在未来的实效营销方面有着广阔的发展空间。首先，品牌有机会继续深化对消费者需求和行为模式的洞察，利用大数据和人工智能技术，实现更加精准的目标受众定位和个性化营销策略的制定。其次，进一步探索和利用新兴媒介平台和工具，如短视频、直播、社交媒体等，以创新的内容形式和互动方式，增强品牌与消费者之间的情感连接和互动体验。同时，品牌也应关注媒介环境的变化，灵活调整媒介策略，以适应不断变化的市场和消费者需求。此外，在未来的营销活动中，仍旧离不开品牌价值的传递和消费者心智的建立，品牌可以通过真实感人的故事和具有感染力的场景，提升品牌形象，增强品牌与消费者之间的情感纽带。

"新人来了"营销活动的成功，不仅为凯迪拉克带来了显著的传播成果和市场效应，也为整个汽车行业乃至其他行业提供了有益的营销经

验和启示。诚然，这一案例的成功离不开精准的人群洞察和优秀的创意表现，但同时，其杰出的效果也体现了效果营销的内涵，即通过精准的目标受众定位、创新的营销策略和有效的媒介运用，实现品牌信息的高效传播和销售转化。随着数字化时代的到来和消费者行为的不断演变，所有的品牌都需要不断探索和创新，以适应市场的变化，实现品牌价值的最大化传播和营销目标的达成。

参考文献
[1] 刘业政：《网络消费者行为》，科学出版社，2011 年
[2] 宋玉书：《广告创意与媒介策略》，《应用写作》，2003 年第 9 期

延伸思考
1. 在该案例中，凯迪拉克是如何挖掘到品牌与"新人"以及"新式婚礼"的契合点的呢？
2. 在该案例中，凯迪拉克与 SG 胜加的创新点体现在哪些方面？
3. 该案例具体通过哪些环节实现营销实效的？

百声嘱咐，百声祝福

品牌方： 中国银联

案例名称： 中国银联 2023 百福图：祝福，有时就是一声嘱咐

创意执行方： 凡人广告

上海国际广告节奖项： 银奖

案例概述图

数字广告案例精 Digital Advertising Case Collection

随着数字化时代的到来，消费者对品牌能提供的情感共鸣和文化认同提出了更高要求。

——凡人广告

情感与文化，是维系中国社会发展的重要因素。将情感共鸣与文化创新结合的传播策略是放之四海皆准的万能公式，但市面上有太多品牌既做不好情感共鸣，也做不到文化创新。2023 年春节之际，中国银联推出"中国银联 2023 百福图：祝福，有时就是一声嘱咐"（以下简称"百福图 2.0"）系列传播活动，其策略立足于日常沟通情景，挖掘背后的文化价值，进行创新性的传播，取得了良好的传播效果，实现了与受众之间的情感共鸣。

"百福图 2.0"活动除了推出创意性的传播内容之外，还连续策划开发了 4 期共 100 万份百福数字藏品，这则营销案例同时也陆续被《朝闻天下》和《新闻联播》报道。这一营销策划不仅取得了非常成功的传播效果，也展示了文化传承中的情感传递与价值表达。

那么，"百福图 2.0"是如何实现传播热度与收益双丰收的？在数字化时代的背景下，中国银联又该如何将现代科技与营销传播有效融合？

一、聚焦百姓"福"祉，注重传播温度

在数字化时代，品牌营销的核心在于创造与消费者情感共鸣的内容。中国银联，作为金融支付行业的领军企业之一，在"百福图 2.0"项目里展现了其对市场挑战的深刻洞察和创意策略的精准把握。中国银联的"支付为民"理念贯穿其所有的营销活动。作为"支付国家队"，中国银联不仅承载着金融支付的基础设施建设，更肩负着促进经济活力增长的社会使命。

基于中国银联的品牌定位，凡人广告意识到"百福图 2.0"的策略应当聚焦每一个老百姓自身的福祉，注重传播的温度，建立温暖且真实的连接。而近年来其他品牌的活动基本都以尽可能多地引入商家促进经济效益为营销活动主旨，究其本质，这些"促销"活动都面临着文化空

心化的危机。因此，以文化为抓手，让营销活动与受众达成情感共鸣成为银联本次创意策略的指导方向。

"百福图 2.0"项目诞生于疫情结束后的第一个春节，这一特殊时期为营销提供了独特的社会背景。人们经历了长时间的隔离，对亲情和人际关系的渴望变得尤为强烈。面对市场环境的变化，中国银联洞察到消费者行为和情感需求的转变。例如，在疫情之下，家族群的聊天记录中"记得家里多备食物、记得准备常备药、记得被子要多晒、记得穿暖和一些、记得打疫苗……"的嘱咐逐渐变多，对前程的豪言壮语转变为对家人的牵肠挂肚。在这一背景下，中国银联将目标人群锁定为对传统文化有认同感，同时又珍惜当下幸福的广大民众。"百福图 2.0"是在以"你付出的样子，就是福"为主题的"百福图 1.0"活动的基础上发展而来。代理商凡人广告注意到第一代百福在疫情期间也不断发挥光彩：成为福建省抗疫的文化符号，为云闪付 APP 春季红包活动吸引粉丝互动数百万。因此，"百福图 2.0"的另一个创意核心——文化创新，也就自然挖掘出来了。

春节的福贴，总写着惯常的祝福，祝福的背后，是希望被看见、被记住的关心。凡人广告在创意制定的过程中发现，在 2023 年春节疫情解封这个特殊的时间节点，以往对于人们来说最稀松平常的嘱咐，都变成了最温情的祝福。于是，中国银联与凡人广告决定，重塑过年的语言表达方式，将 100 个嘱咐的场景，创新性地绘制成 100 张特别的"福"字贴，让用户送给他们身边最亲的人。"一百声嘱咐就是一百声祝福"也就成为了"百福图 2.0"的创意核心，人与人互相嘱咐的场景被画成福字，温暖身边所爱的人。

"百福图 2.0"项目是一次成功的文化营销实践，它不仅体现了中国银联对市场趋势的敏锐洞察，也展现了其在创意策略和技术创新上的能力。通过这一项目，凡人广告给中国银联赋予了重视文化传承，富有

承诺福

孝心福

学业福

民族情感的品牌形象❶，强化了中国银联与大众之间的联系，同时也为金融支付行业提供了营销创新的范例。

二、书画创意"福"字贴——100 声嘱咐传达 100 句祝福

项目团队深知，要与消费者建立情感共鸣，必须深入挖掘春节文化背后的价值和意义。因此，他们决定以春节的传统祝福方式为切入

❶ 品牌形象：品牌形象涉及品牌认知、产品属性、品牌联想、品牌价值和品牌忠诚等多个方面。品牌形象不仅仅是品牌的外在表现，更是消费者对品牌的一系列感知和情感反应的总和。这些感知和情感反应是通过消费者的认知、情感和评价过程在他们的心智中形成的。

点，通过从情感共鸣与文化创新来切入，重塑消费者对节日的认知和情感体验。

在情感共鸣方面，项目团队精心设计了 100 张"福"字贴，每一张都承载着不同的嘱咐和祝福，从而触动人们的情感，增强了与消费者的情感连接。中国银联的创意实施策略聚焦于"百声嘱咐"，将这些嘱咐转化为 100 张独特的"福"字贴。这些"福"字贴不仅承载着对亲朋好友的深情祝福，也体现了中国银联对传统文化的尊重和创新。通过艺术顾问和创意团队的紧密合作，每个嘱咐场景都被精心绘制，确保了设计的差异化和情感共鸣度。

为了加强这种情感共鸣，中国银联采用了多渠道的传播策略。在线上，通过社交媒体和云闪付 APP 等平台，广泛发布"百福图"，让消费者能够在虚拟空间中感受到节日的氛围和情感的共鸣。在线下，通过在公交站、地铁站等公共场所展示"福"字贴的方式将传统文化的祝福带入人们的日常生活。消费者也可以将福贴制成实物，使之成为能贴在家里冰箱上、门上，温暖家人朋友一整年的福贴，实现情感共鸣的物理化表达。中国银联通过情感营销❶以及线上线下多维度的发散执行，拓宽了与消费者的接触点。

文化创新是"百福图 2.0"项目的另一大核心。中国银联不满足于传统营销的表面功夫，而是深入挖掘中国传统文化的内涵，通过现代设计手法的重新诠释，让传统文化在当代焕发生机。在"百福图 2.0"项目中，中国银联与不同领域的艺术家和设计师跨界合作，"福"字贴不仅采用了传统的书法元素，还融入了现代图形设计的语言，重现生活中

❶ 情感营销：最早把"情感"引入营销理论或者直接叫"情感营销"的是美国的巴里费格格教授，他认为形象与情感是营销世界的力量源泉。了解顾客的需要，满足他们的要求，以此建立一个战略性的产品模型，是现代市场营销成功的关键。

佛系福

舍得福

丰收福

动人的细节画面，并配以具有哲理的短句，提醒人们珍惜生活中的小确幸。

"百福图 2.0"的文化创新还体现在技术使用方面，中国银联为传统文化的传播开辟了新的路径，将"福"字设计转化为数字藏品。这种创新不仅吸引了年轻消费者的注意，也为传统文化的数字化转型提供了范例。项目中运用了增强现实（AR）技术，消费者可以通过手机扫描"福"字，观看动态的祝福视频。这种科技与文化的结合，为传统文化的体验提供了新的方式。这些设计不仅展现了中国银联对传统文化的深刻理解和尊重，也体现了品牌在文化传承与创新上的努力和担当。

通过上述具体做法，"百福图 2.0"项目展现了中国银联和凡人广告的专业能力和创新思维，也成功实现了与消费者的深度情感连接。这些做法为中国银联在数字化时代的品牌营销积累了宝贵的经验,也为金融支付行业的营销创新提供了新的营销思路。

三、引入数字藏品技术, "数据驱动"策略优化营销

中国银联的"百福图2.0"项目在策划与执行过程中也遇到了一系列挑战,考验着团队的创新和战略应变能力。首先,文化与现代营销的融合难题要求团队在保留传统文化精髓的同时探索新的营销手段。其次,疫情的全球爆发对线下活动造成了巨大冲击,迫使团队重新思考营销策略,转向线上平台寻求解决方案。此外,如何在有限的预算内实现营销效果的最大化,增强用户参与度和互动性,以及在创新中保持品牌形象的一致性,也是项目团队需要重点解决的问题。

面对这些挑战,中国银联采取了一系列创新性应对措施。在传统文化与现代营销难以融合的问题上,项目团队通过艺术顾问的专业创作和创意团队的在线挖掘,确保了100个嘱咐场景各自的差异化和与消费者的共鸣度。在疫情背景下,团队迅速调整策略,将重点转移到线上,创造了一种新型线上互动体验。这种体验不仅为消费者提供了新颖的参与方式,也为品牌带来了更多的曝光机会。

"百福图2.0"项目中的一个显著创新是数字藏品的引入。中国银联通过在云闪付APP上限量发行百福数字藏品,激发了年轻消费者们的收藏兴趣。数字藏品的引入不仅体现了中国银联对传统文化的现代演绎,也展示了品牌在技术创新上的能力。这种创新的运用,不仅拓宽了传播渠道,也为传统文化的传承提供了新的可能,为营销活动带来了新的生命力。

此外,为了实现成本效益最大化,团队通过精准的目标受众定位和个性化网络营销,依托于网络媒体平台和工具,进行个性化网络营销。同时,在"百福图2.0"项目的执行过程中,中国银联充分利用数据分

归来福   全家福

析工具，及时调整营销策略，优化广告投放，提高转化率。这种数据驱动的策略优化让"百福图2.0"项目在有限的预算下取得了显著的营销效果。以微博平台为例，该项目吸引了各类媒体自来水，为银联的微博指数，赢得环比增长达3300.47%。

　　通过这一项目，中国银联证明了即使在面临预算限制和市场不确定性的情况下，借助创新思维和数据驱动的策略，也能够实现小成本大效果的营销目标。这种以效果为导向的营销实践，不仅规避了投入的风险，也为品牌带来了实实在在的商业价值和社会效益。

四、融合现代科技手段，强化情感与文化之间的连接

　　面对不断变化的市场环境，中国银联通过"百福图2.0"项目展现

了其对未来趋势的深刻洞察。项目团队认识到，随着数字化时代的到来，消费者对品牌能提供的情感共鸣和文化认同提出了更高要求。因此，中国银联将继续关注消费者行为的转变，特别重视年轻群体的行为趋势，探索更多与科技结合的文化营销方式。

在"百福图 2.0"项目中，数字藏品的创新应用证明了中国银联在技术创新上的前瞻性。借助数字技术，中国银联能够创造更加生动的品牌故事，加强与消费者的互动，中国银联将继续探索和应用新兴技术，如增强现实（AR）、虚拟现实（VR）等，以提供更加沉浸式的用户体验。与此同时，"百福图 2.0"项目还强化了中国银联与消费者之间的情感联系。未来，中国银联将进一步深化这种连接，通过更加个性化和定制化的营销策略，满足消费者对个性化体验的需求。同时，中国银联将继续挖掘和利用中国文化元素，通过情感共鸣，增强品牌忠诚度。

中国银联在"百福图 2.0"项目中展现了效果营销的强大力量。作为国企，中国银联深知其肩负的社会责任，也将持续强化"支付为民"的品牌理念，通过实际行动展现一个负责任企业的社会责任感，并将继续在文化自信等领域寻求突破，通过营销活动传递正能量，促进社会和谐。

总之，"百福图 2.0"项目不仅为中国银联带来了显著的营销成效，也为金融支付行业的品牌营销提供了新的思路和实践案例。未来，中国银联将继续以市场洞察为指导，以技术创新为驱动，以情感共鸣为核心，以效果营销为策略，通过结合传统文化与现代科技，实现品牌与消费者之间的深度连接，推动品牌持续发展和成长。

参考文献

[1] 刘笑瑜：《品牌形象及其对消费者自我概念的象征意义》，《当代经济》，2011 年第 22 期

[2] 马建军：《情感营销：不可或缺的现代思维》，《经济管理》，2006 年第 21 期

延伸思考

1. 在该案例中，中国银联是如何巧妙地将"祝福"与"嘱咐"进行创意结合的？中国银联的整体创意策略是从哪两个维度来着手的？

2. 在该案例中，中国银联借助了哪些数字化技术？具体应用在哪些环节？

3. 如何巧妙利用文化元素，并深入呈现其文化内涵？企业如何通过广告展现社会责任感？

花式"准考证"告别高考，
仪式感撬动咖啡营销

品牌方： 星巴克
案例名称： 高考再见，见证快乐上场
创意执行方： 先与森（幸会）
上海国际广告奖奖项： 银奖

本次营销活动海报

　　"高考再见"活动通过"高考"这一极具社会张力的话题，为星巴克开启了一个全新的消费场景，在高考与星巴克之间建立了强联结。让消费者每到这个时刻都会想到星巴克带来的快乐，也成为星巴克品牌连接年轻人的桥梁。

——星巴克企业管理（中国）有限公司

本次线上展览作品

　　仪式感，赋予了一个时刻以特殊的含义，让每一个值得纪念的时刻，成为人生中的美好回忆。2020 年夏，在高考这一重要节点，星巴克和先与森（幸会）合作推出了"高考再见"营销活动。活动从高考开始的第二天，即从 6 月 8 日始，只要带上"任意"准考证——可以是教育部印发的官方准考证，也可以是手绘自制的，只要是一张"准考证"，就能凭证来星巴克线下门店获取指定星冰乐或冰激凌买一送一服务。2022年夏，星巴克深入策划"高考再见，见证快乐上场"活动，联手7位活跃在社交媒体的年轻艺术家，在社交平台举办了一场线上展览，粉丝可以下载艺术家准考证来兑换星冰乐买一赠一福利，也可以用艺术家的模板DIY自己的专属准考证并在社交媒体进行分享。参与活动的方式是多样的，不仅可以通过线下买赠机制参与活动，在线上，网友也纷纷晒出了自己的"作品"花式整活，反响热烈。

那么，《高考再见，见证快乐上场》是如何引爆眼球，获取线上病毒营销❶的热度的呢？在这次成功的营销活动结束后，星巴克后续又该如何持续发展？

一、一张"准考证"——与年轻消费者联结美好

"每一天，让美好发生"是星巴克的品牌承诺，作为全球知名的咖啡连锁品牌，星巴克始终以其独特的品牌定位和深厚的文化内涵吸引着消费者。在品牌服务上，星巴克不仅仅提供咖啡和饮品，更提供了一种"第三空间"的生活体验，让顾客在家庭和工作之外，享受一段宁静舒适的时光。这种定位使得星巴克在全球范围内拥有了庞大的忠实顾客群体。

然而，随着疫情的全球爆发，星巴克面临着前所未有的市场挑战。疫情期间，人们的生活方式发生了巨大变化，线下消费场景受到限制，消费者不得不寻求新的社交和放松方式。此外，下午三点是咖啡消费的低谷期，大多数消费者不会在下午进店消费咖啡类饮品，星巴克需要找

---

❶ 病毒营销：人们将营销信息传递给他人，是网络时代的产物。这种传递过程的特点是：成本投入低、传播速度快、扩散范围广、目标人群的精准度高，其信息传递过程受众人数可能呈指数增长。

到新的方法来应对以上的痛点，拉动销量转化。

在这样的市场环境下，星巴克以及先与森（幸会）洞察到了重要的消费人群——年轻人，特别是刚刚经历高考的学生群体的特殊需求。高考是中国人的一件人生大事，也是社会关注度极高的话题之一，它象征着成长、挑战和未来的希望，星巴克希望能在高考结束这个重要的人生时刻，给大家一个场景、仪式感一起庆祝自己迈入人生新阶段。因此，品牌方提出了"高考再见"活动的创意策略，旨在以富有纪念感的方式，为这些年轻人提供一个庆祝的场所和方式，让他们在星巴克享受一段属于这个特殊时刻的快乐时光。

在制定"高考再见"营销活动的传播目标时，星巴克及先与森（幸会）希望能够强化星巴克作为年轻人情感寄托的品牌形象，并通过这一活动，传递出积极向上、乐观面对未来生活挑战的品牌态度，让顾客感受到品牌的温度和关怀，进一步增强顾客与品牌之间的情感连接。在活动的具体执行上，星巴克采取了线上线下相结合的方式：线下，在高考结束后的 7 天内，星巴克门店为高考学生提供了专属的福利和优惠，即凭任意准考证可以获得星冰乐买一赠一的优惠，并且在"高考再见"这一活动的后续阶段，将参与条件扩充为所有人凭手绘的花式"准考证"即可参与享受店内部分饮品买一赠一活动。线上，星巴克利用社交媒体平台，鼓励所有参与者分享自己的高考故事和手绘准考证，很多话题参与者早已不是学生，却能通过这个活动回想起自己曾经的青葱岁月，这样的形式极大地激发了人们的热情。

我们也不希望仅仅将活动的受众限制在应届考生，而是影响更多人。每个经历过高考的人，都值得在这个时刻拥有一份"高考再见"的快乐。广义的考试更是无处不在，有职场难题，有情感困境，都需要一份仪式感来庆祝。

——星巴克企业管理（中国）有限公司

本次活动的创意"准考证"作品

此外，在活动执行中，星巴克的伙伴（咖啡师）也非常积极地为顾客带去更多仪式感。这样双向的情感奔赴中，不仅让活动本身得到了广泛传播，也有更多美好的人文联结时刻出现在了门店中。通过"高考再见"活动，星巴克获得了年轻一代消费者的好感与知名度，树立了"关心年轻一代、支持成长和梦想"的品牌形象，这一形象为品牌在未来的市场竞争中奠定了坚实的基础。星巴克通过这一活动向市场证明了：即使在困难和挑战面前，品牌依然能够通过创新和关怀，与消费者建立起更深层次的情感联系，共享人与人之间的快乐与美好。

二、扩大创意发挥的能动性空间，UGC 点爆营销效果

"效果广告❶"强调以网络平台为依托，以较小投入来获取较大传播效果，是一种对于企业来说有较大性价比的营销传播方式。在数字营销时代，用户生成内容（UGC）❷已经成为品牌与消费者互动的重要方式，UGC 内容生产方式不仅能够增强消费者的参与感，还能够通过消费者的口碑进行二次传播，从信息流转变成影响流，以低成本达到理想的效果。星巴克的"高考再见"活动正是一个充分利用 UGC 内容生产，实现效果营销的典型案例。

"高考再见"本身是一个极具延展空间与社交传播属性的话题。消费者有大量的 UGC 创作空间，也有很强的自驱性去分享自己的"高考经历"。同时，品牌也有很大的创意发挥空间，每一年都可为这个话题注入新的故事。"高考再见"的活动机制和内容设计十分巧妙，星巴克通过提供一种简单而直接的参与方式——手绘准考证，以颇具趣味性的形式，为高考刚结束或结束很多年的消费者们都创造了一个表达自我和分

❶ 效果广告：效果广告是数字时代为塑造品牌、推销产品或提供服务，并达到可确定的传播效果或销售转化效果，以付费的方式通过数字平台等向生活者传播有沟通力的内容的广告活动。

❷ UGC：用户生成内容（UGC）是随 Web2.0 的概念慢慢兴起的互联网应用新模式之一，主要指在新媒体环境之下，具有社会性、开放性及互动性特征，且用户在技术、社会、个体及群体等驱动因素的相关影响之下，充分利用媒体平台来发布相关的视频、图片、文字等有关内容的一种行为模式，对于用户属性会产生一定的影响。

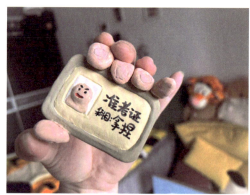

本次活动的创意"准考证"作品

享经历的机会，激发他们的参与热情和创作欲望。消费者们大开脑洞，"花式"整活，纷纷在社交媒体平台中分享自己的作品，为品牌带来了足够强的媒体曝光与转化。以"高考"为契机，"准考证"为纽带，将已有的消费受众和新一代目标受众用"准考证"都绑定到星巴克中来，不管是线下门店消费人群的增长，还是线上话题讨论的高热度，都证明了"高考再见，见证快乐上场"已然实现了"效果营销"所强调的具有良好传播效果的目的。

在媒介的选择与应用上，星巴克采取了多元化媒介渠道的策略。首先，星巴克利用品牌官方社交媒体账号，在微博、微信、小红书、抖音等多平台发布活动信息，邀请消费者参与。这些平台本身就在全国市场上被广泛使用，具有大量的用户基础，活动信息能够迅速触达目标消费者。同时，星巴克还与一些影响力较大的社交媒体意见领袖（KOL- Key Opinion Leader）合作，进一步扩大活动的影响范围和影响深度。

星巴克深知，UGC的传播力量在于其真实性和互动性。因此，品牌不仅鼓励消费者分享自己的手绘准考证，还鼓励他们分享在星巴克享受高考后放松时光的体验。这种内容的真实性和个性化，使其他消费者

本次活动的创意"准考证"作品

更容易产生共鸣，加入到分享和讨论过程中来。此外，消费者凭"准考证"即可在线下星巴克门店换取特定的优惠或礼品，这种实际的激励措施，不仅增加了消费者参与活动的动力，也为星巴克带来了更多社交媒体内容和口碑传播。

通过这些策略，"高考再见"活动成功地带动了大量的用户进行UGC内容生产，这些内容不仅展示了他们的创意和个性，也让他们成为了星巴克品牌的自然代言人。该营销案例累计获得全网曝光量超2.2亿，线上艺术展访问量达1800万，活动内容在公众号一经发布，8小时阅读量超70万+，与此同时，活动期间，星巴克门店在下午3点后到店率也得到大幅度提升，星巴克小程序流量较活动前提升53%，活跃会员数较上周提升110%。这一活动证明了在正确的策略指导下，UGC可以成为品牌营销的有力工具，帮助品牌在竞争激烈的市场中脱颖而出，提升市场影响力。

三、多套预案应对挑战，只为送达一份"笃定的快乐"

在星巴克"高考再见"活动的执行过程中，疫情带来了前所未有的挑战。2022年活动之际，门店因无法支持堂食等不确定因素使三年来行之有效的活动执行模式受到了严重限制，这对活动策划者和执行者提出了新的要求。如何在保障顾客和员工无健康风险的前提下，继续与消费者保持互动，成为了星巴克需要解决的首要问题。

由于外部的不确定性，在活动上线前，我们准备了多套预案，调动了大量资源，只为了保证能让所有喜欢我们的消费者获得一份"考试之后确定的快乐"。

——星巴克企业管理（中国）有限公司

面对疫情带来的挑战，星巴克展现了其团队的创新性和适应性。品牌团队迅速调整策略，提出了"线上领券，线下提领"的创意解决方案。在线上渠道，星巴克更新了专门的活动页面，消费者可以在线上领取电子优惠券，并在门店恢复营业后，凭券享受优惠。这一方案不仅解决了疫情期间的接触问题，还最大化地发挥了活动的传播效果。此外，星巴克举办了"首届线上准考证展览"，呈现艺术家们的创意作品。面对上海高考延期的特殊情况，星巴克亦特意单独为上海举办了一场延迟的准考证活动，让更多人能够参与到这场高考结束的庆祝仪式中。

星巴克的这些创新活动形式，不仅满足了疫情期间消费者对于安全的需求，也保持了品牌与消费者的紧密联系。星巴克通过将"笃定的快乐"送达给全国消费者的方式，成功地将疫情的挑战转化为了营销的机遇。线上领券的方式极大地方便了消费者，同时也为星巴克积累了大量的线上流量和数据资源。这些数据对于星巴克未来制定更加精准的营销策略具有重要价值。

总体而言，星巴克在"高考再见"活动的执行过程中，展现了其作为全球领先品牌的应变能力和创新精神。通过"线上领券，线下提领"

本次线上准考证展览的准备过程

以及一些灵活且具有人文关怀的措施，星巴克成功地化解了疫情带来的挑战，同时也为消费者带来了更加安全、便捷的体验。这些经验为其他面对类似挑战的品牌提供了宝贵的参考和启示。

四、固定 IP 持续创新，积极承担社会责任

随着市场环境的不断变化和消费者需求的日益多样化，星巴克作为全球领先的咖啡连锁品牌，必须不断探索和持续创新，以保持其在市场占有率方面的用户活跃度。特别是在"高考再见，见证快乐上场"这一营销 IP（2020 年—2023 年，已持续四年）的基础上，如何持续创新、

保持与年轻消费者的紧密联系是星巴克面临的挑战。

　　未来，星巴克将不断探索多元形式，策划更多与年轻人生活方式和价值观相契合的活动，并利用数据评估等方式来感知年轻会员的活跃率，通过积分奖励、定制推荐等方式，增强与顾客之间的互动联系。在固定 IP 的焕新营销层面，星巴克将不断优化社交媒体投放和内容营销，设计更具创意和互动性的活动，发挥 UGC 的传播力量，鼓励消费者分享自己的体验和故事，从而实现自然有效的品牌传播，与年轻消费者建立更深层次的情感联系。此外，在可持续发展方面，星巴克也将承担起更多的社会责任，希望能够成为消费者心中的可持续品牌典范。

　　总之，"高考再见"活动通过"任意准考证换星冰乐"的简单机制，搭建了品牌连接年轻消费者的桥梁，不仅有效缓解了门店下午 3 点咖啡消费低谷期的痛点，亦在年轻人心中树立起积极、时尚的品牌形象。无论是在产品开发、顾客体验，还是在社会责任和环境保护方面，星巴克都将不断尝试和探索，以实现品牌的长远发展和成功。

参考文献

[1] 陈刚，高腾飞：《效果广告的概念及其研究面向》，《现代传播》（中国传媒大学学报），2022 年第 5 期

[2] 王一冰，薛小情：《探讨新媒体环境下 UGC 模式对用户属性的相关影响》，《新闻研究导刊》，2016 年第 14 期

[3] 付亮，王俊伟：《病毒式营销的内涵、特点及应用》，《沈阳师范大学学报》（社会科学版），2020 年第 5 期

延伸思考

1. 在该案例中，品牌方连续多年举办"高考再见"活动，并将其作为固定营销 IP 的核心优势是什么？

2. 在该案例中，星巴克是如何撬动 UGC 内容生产，实现病毒传播效果的？

3. 如何实现固定营销 IP 的可持续发展？

世界狂欢下的借势营销，一场美食拼成的赛事预告

品牌方： 山姆会员商店
案例名称： 美食国旗
创意执行方： 北京峰芒广告有限公司（TOPic）
上海国际广告奖奖项： 金奖

活动现场照片

　　世界杯的魅力不仅仅局限于激烈的赛事本身，更在于那些围坐一起、共享观赛时刻的分享场景，而这样的分享体验，往往与美食紧密相连。因此山姆从美食这一具有强关注度的品类切入，确定了"世界的狂欢，从分享快乐开始"这一 Slogan。

——山姆会员商店

活动现场照片

　　世界杯作为一场全球狂欢的超级事件，是很多国际品牌关注的重要营销事件点，如何巧妙地实现借势营销[●]成为了品牌关注的话题。在此期间，山姆会员商店与其代理商北京峰芒广告有限公司（TOPic）合作完成了《美食国旗》这一案例。他们打造了一条特别的世界杯通道，在这条通道上，摆满了由美食组成的国旗，这条道路就是北京国贸地铁站。每一位经过的乘客，不仅能实时获取当天开赛的足球比赛讯息，还能扫码直接购买美食，真正享受到足球＋美食的双倍快乐。这些产品选用了山姆的自有品牌Member's Mark的爆款美食来组合成世界杯32强的国旗，这并不是利用产品联名来制造噱头，而是用产品为载体呈现国旗，巧妙地与世界杯这一话题链接，为品牌打开新的消费群体和关注度。

　　在没有官方身份，没有代言的球星，也没有签约任何32强国家队情况下，如何自然地"拥抱"世界杯是此次的营销挑战。在这一背景下，《美食国旗》这一案例以北京人流量较大的国贸地铁站为核心装置

● 借势营销：借势营销是指企业实时捕捉社会热点或公众关注的焦点事件等，借助其轰动效应，把企业自身元素创造性地融入其中，在社交媒体中开展各种传播或经营活动。

投放地，提升了北京地区 BHT10%。从成本、项目触达到最后的效果转化来看，无疑是很成功的一次效果营销。

《美食国旗》为何仅凭地铁展示触达就能够取得如此好的效果？我们能否从这个案例中发掘零售行业的传播策略的新思路，为品牌的效果营销提供新视角？

一、发挥全球采购优势，实现体育赛事与美食文化的巧妙碰撞

在当今竞争激烈的零售市场中，山姆会员商店以其独特的品牌定位和市场策略，成功地在消费者心智中占领一席之地。作为一家国际知名的会员制仓储式超市，山姆为消费者提供了一个商品精选、服务优质和环境舒适的购物场所。品牌致力于通过全球采购和严格的质量控制，秉承"会员第一"的核心理念，为会员提供差异化商品、独特的购物体验和独家会员权益。

世界杯作为全球最大的体育盛事之一，吸引了无数人的目光。山姆会员商店洞察到消费者在世界杯期间对美食文化的热情，并敏锐捕捉到消费者"边看球赛，边享受美食"的行为习惯。这种洞察成为了"美食国旗"活动创意的出发点。通过结合世界杯赛事和美食文化，山姆会员商店策划了一场既符合品牌定位又能触动消费者情感的营销活动，用"美食国旗"作为山姆借势世界杯的沟通符号，向受众传达"分享精彩"的品牌精神。

"美食国旗"活动的核心在于山姆利用全球采购优势，精选与参赛国家相关的食品，如德国啤酒、意大利面等，并巧妙地将商品陈列为世界杯参赛国家的国旗，实时展示世界杯赛事的对阵双方，营造了一种视觉上的冲击和体育赛事的参与感。通过创意展示和互动体验，让消费者在享受世界杯激情的同时，也能体验到山姆会员商店带来的高品质生

活动现场照片

活，通过扫码互动，消费者可以直接在线上购买这些商品，实现从线下
体验到线上购物的无缝转换。该活动累计触达 3180200 人次，极大地提
升了山姆会员商店的影响力。

　　于零售业而言，把地铁打造成一个卖场，不仅是一个全新的表现方
式，也是一个切实可行的效果营销方式。

——北京峰芒广告有限公司（TOPic）

　　在赛事热点季节，山姆北京大兴店即将开业，如何更快更直接地吸
引消费者的注意和讨论是首要的问题，北京峰芒广告有限公司（TOPic）
与山姆会员商店将中国最高客流量之一的北京国贸地铁站作为直接的
创意执行地。

　　在地铁通道中，山姆会员商店陈列"美食国旗"的装置，创意性地
实现了卖场延伸。同时，地铁站作为人流密集的交通枢纽，为活动提供

活动现场照片

了一个共享体验的平台。在地铁站内，"美食国旗"活动不仅赢得了球迷的喜爱，更吸引了"泛球迷"群体的关注与普通消费者的好奇心，拓宽了山姆会员商店的受众群体。通过拍照打卡等形式，消费者们自发地在社交媒体平台进行宣传，分享自己在地铁站内的购物体验和对世界杯的支持。这种线上线下结合的营销方式，不仅提升了山姆会员商店的品牌形象，也增加了消费者的参与度和购买意愿，进一步扩大了品牌影响力。

二、一面美食国旗，建立品牌、文化、情感的三重连接

一个作品的评判标准会有三个维度，第一个层面就是它是一个能解决问题的创意，第二个是用新的方式去解决这个问题，第三个则是能给社会留下点什么。

——北京峰芒广告有限公司（TOPic）

在零售营销的学术研究中，创意表现与情感连接的策略对于构建品

活动现场照片

工作人员在准备活动

牌与消费者之间的深层关系至关重要。山姆会员商店的"美食国旗"活动便是一个通过独特创意和情感共鸣与消费者建立联系的成功案例。该活动巧妙地将食品零售与国家文化相融合,不仅创造了新颖的视觉体验,还激发了消费者的参与欲与情感共鸣。

世界杯的文化符号是"狂欢",这不仅是体育运动的狂欢,也是不同国家文化碰撞的狂欢,国旗是一个国家展现文化最直接的符号。该活动将美食与国家文化相结合,传递多元文化信息,增加了活动的文化内涵及意义。通过展示与参赛国家相关的食品,山姆传递了其全球采购的品牌价值,消费者在购买食品的同时,也认识到了山姆对商品品质的坚持和对多元文化的尊重。

情感共鸣的激发是活动成功的关键之一。世界杯能在全球范围内引发球迷们的热情,离不开其充分激发球迷对自身喜爱球队的归属感和自豪感的特质。山姆会员商店通过"美食国旗"活动,让消费者在支

活动现场照片

持自己喜爱的球队同时，也能感受到品牌的用心和创意。对于山姆会员商店而言，好的营销活动是品牌和用户的双向奔赴。在品牌资产❶中，山姆会员商店使用了"更好的生活，尽在山姆"的宣传语，传达了山姆"拥抱用户、点亮生活"的价值观，该观念也在本次活动中实现了具象化的体现。"美食国旗"活动以其独特的创意表现和深刻的情感连接，成功地将山姆会员商店的品牌形象与世界杯这一全球性事件相结合，创造了一次难忘的营销体验。通过这次活动，山姆会员商店不仅提升了自身的品牌知名度，也加深了与消费者之间的情感纽带，展示了其作为零售行业领导者的创新能力和对市场趋势的敏锐洞察力。

❶ 品牌资产：品牌资产（brand equity）是指相对于无品牌的相同产品，通过品牌名称和标志加到产品或服务上的效用增值。近年来，品牌资产研究集中于品牌资产定义、构成要素、品牌资产测量维度、品牌资产影响因素等方面

三、逆境下"以小博大"，灵活应对执行挑战

在赛事热点季节，山姆北京大兴店即将开业，然而时间紧张，同时品牌没有官方和球星代言身份。

——山姆会员商店

在策划"美食国旗"活动时，山姆会员商店和北京峰芒广告有限公司（TOPic）面对的一系列市场挑战和媒介策略的制定构成了活动成功的关键要素。首先，资源限制是山姆会员商店在策划活动时遇到的最大挑战之一，预算的紧张和缺乏官方身份或明星代言资源，这限制了传统广告和大规模营销活动的可行性。其次，新冠疫情的全球爆发对线下活动的执行和传统营销渠道造成了影响，这要求山姆会员商店寻找新的营销途径，以适应社交距离和健康安全的要求。此外，消费者行为在疫情期间发生了显著变化，更多消费者转向线上购物和数字媒体，这要求山姆会员商店调整其媒体策略。最后，世界杯期间的市场竞争异常激烈，众多品牌都在寻找与赛事相关联的营销机会，山姆会员商店只有在竞争中实现品牌区隔，才能脱颖而出。

同时，还有其他大大小小的困难和限制。例如，在选址层面，北京峰芒广告有限公司（TOPic）需要在低成本、政策限制、疫情影响这几个限制条件下选择能有足够曝光量的场地。在产品层面，对于食品的选择也是需要一定的时间和策划，利用食物的颜色和摆放能够组合成国旗的样子，但是食物的大小、色彩一致度以及保鲜时长，这都是需要考虑的因素。并且由于疫情问题，食物的摆放和后续的调整并不能迅速及时地完成，线下围观的群众也不能过于集中。针对以上执行上的困难，北京峰芒广告有限公司（TOPic）首先选择了北京国贸地铁站，这是人流比较多的线下场所，能够实现活动的强曝光。当人们下班回家的时候，在期待世界杯比赛开始的路上，能够看到用食物组成的参与世界杯的不同队伍国旗，这无疑能够吸引人们停下脚步。产品选择上，TOPic 侧重

于对于消费者来说是"高频购买，低决策动力"的食品，在线下的更换布置上也能降低成本。

除此之外，北京峰芒广告有限公司（TOPic）通过深入分析目标消费者群体，确定了以城市中的中高端消费者为主，特别是对国际商品和文化有兴趣的年轻家庭和个人，鉴于预算限制，TOPic 采取了创意驱动的内容策略，通过"美食国旗"这一独特的概念，创造了与消费者情感共鸣的内容，而不是依赖高昂的广告投放。活动主要通过数字媒体进行推广，利用社交媒体平台的广泛覆盖和强互动性，鼓励用户生成内容，扩大活动的影响力。同时，活动选择与目标消费者群体高度重合的社交平台，如微博、微信、小红书和抖音，这些平台的用户活跃度高，易于形成口碑传播。地铁站的线下互动体验与线上社交媒体的互动相结合，形成闭环营销，提升消费者的参与度和购买转化率。在疫情期间，山姆会员商店注重社会责任的体现，通过提供安全、健康的购物体验，增强了消费者对品牌的信任和好感。

在北京峰芒广告有限公司（TOPic）的高效配合之下，山姆会员商店成功地应对了市场挑战，活动不仅提升了品牌的市场影响力，也为消费者提供了独特的购物体验，展示了山姆会员商店在零售市场中的创新能力和对消费者需求的深刻理解。

四、一面"好吃"的世界杯墙，开拓效果营销新路径

在山姆会员商店"美食国旗"活动的背后，我们看到了一个品牌如何巧妙地将自身定位与全球盛事相结合，创造出独特的市场影响力。山姆会员商店不仅成功地将足球的激情与美食的享受融为一体，更以其创新的营销策略，为消费者提供了一种趣味性的购物体验，实现了效果营销的成功。

一方面，活动的媒介解决方案展现了显著的创新性，通过线下地铁

的装置陈列，延伸了传统卖场的消费场景。这种创新策略不仅成功吸引了消费者的注意，而且夯实了山姆会员商店"点亮生活灵感"的品牌形象。在传播效果方面，扫码即可购买的形式具有极高的销量转化率。同时，活动通过社交媒体平台实现了 UGC 高曝光量和互动量，形成了强大的口碑效应，显著增加了品牌的曝光度，并加深了消费者对品牌的记忆。

另一方面，在文化营销的融合上，山姆会员商店通过结合世界杯文化与食品零售，将文化符号融入效果营销，促进了"小众狂欢"下的大众传播。品牌与消费者之间通过共享全球文化盛事建立了情感上的联系，这种联系被认为是持久且深刻的。此外，活动不仅促进了相关食品的销售，也加强了山姆会员商店作为国际食品零售商的品牌形象，传递了其全球采购和高品质商品的价值主张。在社会责任的体现上，山姆会员商店在疫情期间通过创意活动为消费者带来了乐趣，体现了品牌的社会责任，增强了消费者对品牌的好感和信任。

通过"美食国旗"活动，山姆会员商店不仅展示了其在效果营销和文化营销领域的创新能力和战略眼光，而且为未来的发展提供了清晰的方向。聚焦于深化消费者情感连接，利用数据和技术提升营销效果，同时持续履行社会责任，山姆会员商店将在竞争激烈的零售市场中保持领先地位，并持续为消费者带来价值。

参考文献

[1] 郭元: 《借势营销方式的新探索》, 《中国市场》, 2016 年第 48 期

[2] 朱建荣, 郁文: 《基于消费者角度的品牌资产形成机理及其测量》, 《商业时代》, 2008 年第 11 期

延伸思考

1. 在该案例中, 山姆会员商店是如何借势世界杯进行效果营销的? 活动取得成功的关键因素有哪些?

2. 在该案例中, 北京峰芒广告有限公司 (TOPic) 对山姆超市进行了哪些洞察? 针对这些洞察, TOPic 提出了哪些解决方案?

3. 如何选取合适的文化符号融入营销? 如何使活动方案与消费者产生情感连接?

文化空间新探索：
一次书店与电话亭的现代对话

品牌方： 中国电信、上海新华传媒连锁有限公司
案例名称： 新华路书店
创意执行方： 上海拾众广告传播有限公司
上海国际广告奖奖项： 银奖

本案例概述图

　　从我的理解来讲，我觉得这个项目的一个核心价值，或者说它最终能够起到这么大的一个传播效应。主要就是从三个方面，一个它是品牌与品牌之间的对话和交流，一个它是空间与空间的对话和交流，那么最终它是落点到人与人的对话和交流上面。

——上海新华传媒连锁有限公司

快的时代，不欢迎慢。书店，便是这样一种存在。堪称中国书店代名词的新华书店，承载了好几代人的读书回忆，却在如今的网络书店内卷下、电子化和碎片化的信息冲击中，逐渐被"忽略"。与其有相同遭遇的，还有路边的电话亭，只是，电话亭更彻底地失去了其主要功能的供给以及曾经所蕴涵的人文意义。

上海拾众广告洞察到这一现象，作为上海新华传媒连锁有限公司的代理，联系了上海新华路街道办以及中国电信，策划执行了"新华路书店"这一营销活动。不同品牌之间的联系与撮合，成为了品牌与品牌之间的对话，以电话亭为媒介，在新华路这一与新华书店名字有关联的空间上布置活动，形成了空间与空间之间的交流，人们相继走进电话亭，像以往那样静下心来阅读，在这方精致的小空间，感受文化氛围的浸润。

"新华路书店"的线下快闪活动让新华书店再次映入大众视野，引发了新的阅读潮，5座打卡点，国庆期间参与打卡7万多人次，200多家主流媒体相继报道，微博话题阅读量超千万，"新华书店"微信指数上升150万，涨幅达70%。"新华路书店"用一种新潮的方式，让被我们遗忘的电话亭焕发新生，也让新华书店所代表的实体书阅读再次被大家所关注。

从效果营销的理论视角来看，"新华路书店"做到了低成本、高效果。除了流量数据之外，还有取得了人文价值的"效果"。"新华路书店"具体是如何做到的呢？其背后又是如何体现新华书店的品牌价值观？在此次之后，新华书店未来又该如何发展呢？

一、当"书店"携手"电话亭"，打造文化阅读新空间

新华书店，作为中国历史悠久的书店品牌，长期以来被视为文化传播和知识普及的重要场所。在品牌定位上，新华书店不仅仅提供图书销

售服务，更提供了一种知识的交流平台和文化体验空间，让读者在繁忙的生活中找到一片宁静的阅读天地。这种定位使得新华书店在全国范围内拥有了庞大的忠实读者群体。

然而，随着数字化阅读和网络购书的兴起，新华书店面临着前所未有的市场挑战。人们阅读习惯的改变、线上平台的便捷性以及快节奏生活对深度阅读的冲击，使得实体书店的客流量和销售额受到了影响。在这样的市场环境下，新华书店需要找到新的方法来突破纸质书籍面临的困境，以更加新潮的方式增强与读者之间的联系。

在这样的市场背景下，由上海新华传媒连锁有限公司的代理商上海拾众广告牵头，联合新华路街道办和中国电信，洞察到了重要的消费人群——追求个性化和深度文化体验的年轻人的特殊需求。年轻人作为文化消费的主力军，他们对知识有着浓厚的兴趣，对有氛围感的阅读空间有着更高的期待。新华书店认识到，需要为这些年轻人提供一个新颖的阅读和交流场所，让他们在新华书店享受一段属于自己的文化时光。

不仅如此，上海拾众广告亦观察到，与新华书店陷入同样困境的，还有电话亭。如今，路边的电话亭大多被闲置，失去了它原本应有的人文意义。因此，上海拾众广告联合新华书店、新华路街道办和中国电信，提出了"新华路书店"营销活动的创意策略，借助多方品牌的影响力，共同打造新的文化现象。该活动通过将传统的电话亭转变为微型书店，吸引更多人在快节奏的生活中放慢脚步，发现阅读的美好。活动以电话亭作为传播的空间媒介，在保留其原有通信功能的基础上，增加阅读功能、交换功能、合影等促进人们社交与阅读的功能，并以专属定制的店内物料，吸引公众聚集，同时让每本书都可以自助付费带走，后续将部分用于助力公益事业。具备闲置书籍互换功能的"小书店"，其所有图书来自新华路街道各部门、组织及个人捐赠，让全民参与，换书会友，为空间与书本赋予新的媒介力量。

活动海报及物料

"新华路书店"作为一个结合现代通信设施与传统文化体验的新型阅读空间，其传播目标是强化新华书店作为文化引领者的品牌形象，同时通过这一活动，传递出创新、亲民和具有社会责任感的生活态度。新华书店希望通过这一活动，让读者感受到品牌的温度和关怀，进一步增强读者与品牌之间的情感连接。在活动的具体执行上，新华书店采取了线上线下相结合的方式。线下，通过改造电话亭为书店，营造线下阅读场所的体验氛围；线上，则利用社交媒体平台，鼓励市民 UGC 内容分享，交流自己的阅读故事和体验，这激发了人们的参与热情，迅速引发了大范围的传播热度。

除了本就是了解新华书店的传统读者，通过"新华路书店"活动，新华书店更是获得了年轻一代消费者的好感与知名度。新华书店的品牌形象从一个传统的书店，转变成了一个支持年轻人文化需求、推广文化阅读的现代文化空间。这一形象不仅让新华书店在年轻消费者中的影响力得到了提升，也为品牌在未来的市场竞争中奠定了坚实的基础。上海新华传媒连锁有限公司通过这一活动向市场证明了，即使在困难和挑战面前，品牌依然能够通过创新和关怀，与消费者建立起更深层次的情感联系。

二、线下 + 线上联动执行，打通品牌传播链条

上海拾众广告传播有限公司对"新华路书店"项目的策划与执行，不仅是一次品牌传播活动，更是一次深入的市场行为实验。效果营销注重可量化的结果和实际效果，这要求代理商的每一个策略和执行步骤都必须精准而高效。

拾众广告首先通过市场调研和消费者行为分析，洞察到新华书店作为一个文化符号，其转型与现代消费者的需求高度契合。项目的价值在于能够唤起公众对文化传承的重视，同时提供一个新型的社交和阅读平台。这

活动现场照片

种价值内容的传递，是拾众广告在策划和执行过程中始终关注的核心。

为了确保活动效果的可量化性，拾众广告设定了一系列量化指标，包括参与人数、媒体曝光量、社交媒体互动率等。通过这些指标，代理商能够实时监控活动的影响力和传播效果，及时调整策略以优化结果。

在线下，拾众广告精心选择了新华路上的五座电话亭进行改造，每座电话亭都有其独特的主题和设计。通过 24 小时的开放政策和志愿者的日常管理，项目吸引了大量市民的参与。拾众广告通过跟踪电话亭的使用情况和书籍的流通数据，对活动效果进行了持续的监测和分析。此外，电话亭外也采用了颇具特色的地面投影，呈现书籍中经典且触动人心的文案语句，增强了线下场所的氛围感与仪式感，吸引更多市民前来打卡。

线上方面，"新华路书店"主要采取自媒体为主的传播策略。一方面通过街道方面的官方渠道以及新华传媒的主流渠道发声，逐步引发更高层级主流媒体的关注，最终引发《人民日报》、新华社、上海电视台等权威媒体的关注、采编，实现 200+ 家主流新闻媒体相继转载。另一方面则通过"新华路书店"本身的优质创意及打卡点，带动用户自发性地在社媒平台分享，引发裂变传播❶。国庆期间，该项目吸引了 7 万 + 人次的参与，微博话题 # 新华路书店 # 阅读量达到了 1000 万。拾众广告通过收集和分析受众的在线评论、分享内容和参与行为，对活动的影响力和受众满意度进行了综合评估，不断优化项目的打造。

这一项目成功证明了效果营销的力量：通过精准的市场洞察、创意

❶ 裂变传播：是通过一系列的策略和手段，使得营销信息能够像核裂变一样迅速扩散，达到最大化的传播效果。其核心在于利用用户之间的社交网络，实现信息的快速传播和裂变式增长。在裂变传播中，用户既是信息的传播者，也是信息的接收者。这种双重身份使得用户在传播过程中能够产生更强烈的参与感和归属感，从而进一步提高营销的效果。

活动现场返图

的策略制定、可量化的效果跟踪和实时的反馈评估，即使是在数字化时代，也能为传统文化品牌注入新的活力，实现品牌价值的最大化传播。

三、传统与现代的创新融合，实现与消费者的深度连接

在效果营销的实践中，每一次创新都伴随着挑战。"新华路书店"项目，作为一次大胆的品牌重塑●和市场激活行动，自然也面临了一系列的挑战。上海新华传媒连锁有限公司及其代理商上海拾众广告传播有限公司积极地在挑战中寻找机遇，采取了一系列应对策略。

新华书店作为一个历史悠久的品牌，如何在保持其文化底蕴的同时，融入现代元素，吸引年轻消费者，是项目面临的首个挑战。对此，

---

❶ 品牌重塑：是指品牌的再塑造，通过重新定位目标消费群体、提高产品质量和服务、为运用品牌营销等手段，重新推广品牌形象、提高品牌知名度进而逐步产生品牌号召力，形成品牌效应和品牌核心价值的过程和活动。

活动海报

拾众广告通过将传统电话亭转变为现代书店的方式,巧妙地将传统与现代相结合,不仅在视觉上保持了新华书店的品牌调性,更通过引入现代设计元素,使其成为年轻人愿意打卡分享的网红地点。这种创新的空间设计,不仅吸引了年轻消费者的注意,也让新华书店的品牌形象更加年轻化和时尚化。

其次,在数字化时代,如何实现线上线下的无缝对接,是"新华路书店"项目面临的另一个挑战。项目需要在保持线下体验的同时,在线上渠道扩大影响力。拾众广告通过全渠道营销●策略,实现了线上线下

● 全渠道营销:是指企业利用多种销售渠道(包括线上、线下、移动端等)和营销手段,将产品或服务推送给目标客户,以提升销售和客户满意度的策略。在全渠道营销中,企业通过整合不同的销售渠道和营销手段,将消费者的线上线下购买体验进行无缝连接,实现全方位、多维度的品牌推广和销售服务。

的联动。通过提供线下独特的阅读体验，吸引人们亲身参与并进行线上传播，有效地实现线上的流量转化。再者，如何保持受众的持续参与度是项目需要面对的另一个问题。受众的持续参与对于效果营销的成功至关重要。拾众广告通过不断更新电话亭的书籍种类和主题，保持了项目的新鲜感，这种持续的内容更新和互动策略，有效地维持了受众的兴趣和参与。

面对市场环境的变化和消费者需求的演进，"新华路书店"项目在代理商上海拾众广告的精心策划和执行下，成功应对了传统与现代融合、线上线下对接、持续参与度维持以及成本控制等挑战。通过创新的空间设计、全渠道营销、持续的内容更新与互动等策略，"新华路书店"实现了与消费者的深度连接，展现了效果营销在现代市场环境中的巨大潜力和价值。

四、构建新型书店生态，丰富消费者的文化体验

未来，新华书店将更多从数字化阅读的增长、个性化体验的需求、社区文化的深耕以及跨界合作的机遇这些方面来进一步推动自身品牌转型与塑造。首先，随着科技的发展，数字化阅读将继续增长，这要求新华书店在维持传统优势的同时，也要拓展数字阅读市场。其次，消费者，尤其是年轻一代，更加追求个性化和定制化的文化体验。新华书店需要进一步探索如何提供个性化服务。社区是文化活动的重要载体，上海新华传媒连锁有限公司会继续深耕社区文化，加强与社区居民的联系。通过"新华路书店"这一营销活动，上海新华传媒连锁有限公司也意识到与其他行业和品牌的跨界合作将为新华书店带来新的增长点和创新机会。

在具体实施方面，新华书店将加强数字化转型，通过开发电子书平台、增强现实（AR）阅读体验等方式，为消费者提供更多样化的阅读选

择。同时，利用大数据分析消费者行为，通过建立会员制度，收集消费者阅读偏好数据，提供更加个性化的服务。此外，新华书店也将进一步与社区合作，举办各类文化活动，如作家见面会、主题书展、文化讲座等，以此加深与社区居民的联系。同时，新华书店还会积极探索与其他行业的跨界合作，例如与旅游、教育、艺术等行业结合，开发联名产品或活动，拓宽品牌的文化影响力和市场覆盖面。

通过对未来市场的深入洞察和前瞻性规划，上海新华传媒连锁有限公司展现了其持续创新和适应市场变化的能力。从数字化转型到个性化服务，从社区文化深耕到跨界合作，再到品牌年轻化战略和持续的效果营销，新华书店正积极构建一个多元化、互动性强的新型书店生态。这不仅将为消费者带来更加丰富和便捷的文化体验，也将为新华书店自身的可持续发展奠定坚实的基础。

参考文献

[1] 张涛甫：《传播的"裂变"与"聚变"》，《青年记者》，2015 年第 13 期

[2] 王俊峰，王岩，马越：《企业品牌重塑：驱动力、策略及过程模型研究——基于西方品牌重塑的基础理论》，《长春理工大学学报》（社会科学版），2014 年第 2 期

[3] 李飞：《全渠道零售的含义、成因及对策——再论迎接中国多渠道零售革命风暴》，《北京工商大学学报》（社会科学版），2013 年第 2 期

延伸思考

1. 在该案例中，上海新华传媒连锁有限公司是如何制定创意策略，与现代消费者建立情感联系的？

2. 在该案例中，上海新华传媒连锁有限公司是如何实现线下＋线上全链条传播的？

3. 如何实现品牌形象的年轻化焕新？

跨界营销

守护微笑，更救赎咖啡小店的梦想
携手恋爱手游，打造品牌年轻化的花式变革
以游戏为介，抒写中国航天式浪漫

守护微笑，
更救赎咖啡小店的梦想

品牌方： 佳洁士
案例名称： 佳洁士请你"白"喝咖啡
创意执行方： PUSU 朴速广告
上海国际广告奖奖项： 铜奖

本案例概述图

　　以"白"喝咖啡之名义，以恰当的品牌角色，将品牌温度与品牌价值正向传递给消费者，不辜负每一个大咖梦，保护好每一个炫白笑容。

——PUSU 朴速广告

上海，作为现代化国际大都市，孕育了一种与城市脉搏同频的咖啡文化，咖啡不仅是一种饮品，它更代表着上海的生活方式。随着时代的变迁，传统广告的投放模式早已过时，取而代之的是以消费者为中心，洞察品牌与本土市场之间的联动，挖掘消费者痛点，搭建具体的产品使用场景，借助 KOL 激发 UGC 的全新活力。

面对口腔护理市场的快速增长和消费者需求的多样化、精细化趋势，佳洁士在 2022 年 8 月之际，携手上海 30 家咖啡店共同推出"佳洁士请你'白'喝咖啡"活动。这一活动巧妙地结合了上海消费者对咖啡的深厚情感和佳洁士锁白牙膏的产品特性，通过精准的场景营销，加强了消费者对品牌的认知和联想。此次活动不仅仅是一个简单的跨界联动，更是一场助力咖啡中小企业主理人梦想的公益活动，佳洁士不仅守护炫白笑容，更守护咖啡人的梦想。

在时代巨变的浪潮中，品牌如何洞悉产品使用场景，并激发消费者创造 UGC 活力？品牌长期发展的根本方法论是什么？如何在追求短期流量与构建长期品牌价值之间找到平衡？作为国际品牌，如何在市场上实现营销的本土化？以及品牌如何实施差异化营销策略，以深化品牌印象？

一、异业合作：一场具有品牌温度的营销大事件

《2024 中国城市咖啡发展报告》显示，2023 年中国咖啡产业规模达到 2654 亿元，上海的咖啡门店数量达到 9500+，数量远超东京、纽约、伦敦，成为全球咖啡门店数量最多的城市。上海不容置疑成为中国咖啡产业的风向标，咖啡成为上海这座城市的一种生活方式以及独特文化象征。然而，2022 年 3 月，上海这座被咖啡香簇拥的大城市按下了暂停键，无数用爱发电的咖啡经营者经历难关。

佳洁士敏锐洞察到上海消费者对咖啡的深厚情感，以及上海咖啡小

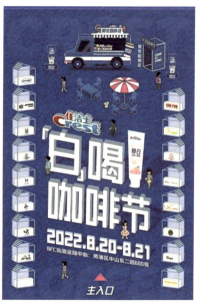

佳洁士"白"喝咖啡宣传图

店的生存困境，秉承着"咖啡有佳，笑容更佳"的理念，在那个特殊的盛夏时节开展了一场盛大且温暖的活动，邀请大家一起重温久违的咖啡香气。

佳洁士携手上海 30 家咖啡店推出"佳洁士请你'白'喝咖啡"活动，这一主题中的"白喝"一词不仅体现了佳洁士的产品功效美白去渍，也阐述了活动的"免费机制"——与沪上 30 家独立咖啡店联名，每天固定免费赠杯数。佳洁士"白喝咖啡"活动共策划了三个阶段，白喝咖啡 1.0 时期，佳洁士推出"请你'白'喝咖啡周"活动，8 月 1 日至 8 月 7 日期间，每天请 50 名到咖啡店的朋友"白"喝咖啡，打造线下大事件，并借助咖啡主理人的第一视角，拍摄走心视频，一起重温咖啡香，传达咖啡情；白喝咖啡 2.0 时期，佳洁士在上海外滩和

Punchline Coffee&Roaster（外滩店）

小日子 xiaorizi · chouxchou

沪上 18 家精品咖啡店一起开展佳洁士"白"喝咖啡节，定制品牌专属锁白清新夏日特调，借助线下市集的方式将"咖啡有佳，笑容更佳"的理念进行有效传递，并将"保护咖啡师梦想，保护咖啡星人笑容"的主题升级延续；白喝咖啡 3.0 时期，佳洁士以上海线下大事件为起点，将单一城市活动扩展到线下线上商超全域推广，同步与瑞幸咖啡达成合作，使"白"喝咖啡理念多渠道、多点位触达更广泛消费者。

此次跨界活动是一次针对特定圈层的营销尝试，佳洁士精准抓住咖啡受众人群牙渍的痛点，借势上海咖啡文化，共同打造专属咖啡周（节），致力于让佳洁士长效美白、去渍防渍的产品功能深入咖啡爱好者心智。面对当下竞争激烈的市场环境，品牌最大的挑战是如何洞察消费者的潜在需求，走近消费者，看见用户使用场景。只有与消费者同行，注重产品的实际使用与体验感，才能真正赢得消费市场。

二、营销玩法：以消费者为中心，激发 UGC 全新活力

在过去，品牌的营销路径往往是以产品为中心，打造差异化产品卖点，占据消费者心智，但随着时代演进，科技赋权消费者，任何人都可

野人卡卡的咖啡馆

SeP to go

HINICHIJOU 熊爪咖啡

HANA COFFEE（右）

数字广告案例集 Digital Advertising Case Collection

有容乃大 LuckyDraw

heylo coffee

佳洁士"白"喝咖啡节

以借助终端媒介在互联网平台上自由发布信息、进行社交互动，消费者自传播成为一种全新且巨大的传播力量。除此之外，消费群体呈现年轻化转向，人们在消费过程中更加注重个体价值、独特体验与精神满足，"人化"养宠、赛博玄学、烟火气息、"简法"生活等成为年轻群体新型生活方式。作为品牌，自身的营销打法也要从之前的产品中心转变为用户中心，深耕用户价值，真正占据用户心智。

当下，Z 时代成为主要消费群体。相比于"消费主义"，年轻群体选择"悦己性消费" ❶。面对无处不在的压力，年轻群体更加注重情绪价值，他们消费观正在从"物有所值"向"付有所值"转变，他们愿意为一切能愉悦自我的美好东西埋单。作为商家，仅仅关注品牌产品自身的利润是不够的，品牌的文化理念与社会责任愈加重要，因此以消费者为中心是当前营销的全新突破口，营销的未来在于理解和适应消费者的需求。

佳洁士作为国际品牌，深耕在口腔护理市场，凭借品牌优势占据头部位置。而推动佳洁士品牌长远发展的根本方法论是一个坚持和四个中心，即坚持把消费者放在所有决策的中心，坚持追求卓越、持续创新，坚持品牌建设是长线投资，以及坚持长期主义。这不仅仅是佳洁士，也是整个宝洁在过去数百年的商业增长中的取胜之匙。长期以来，佳洁士聚焦消费群体，根据用户需求的变动及时做出营销规划上的调整。几年前，佳洁士洞察到年轻一代的消费者对于牙膏一成不变的外观和口味有些"审美疲劳"，为顺应这一需求，佳洁士开创"愉悦美白"这一细分赛道，推出佳洁士锁白牙膏系列，搭配丰富的花果香氛和超美的细闪流光

---

❶ 悦己型消费：是消费领域里的一个新现象，它的消费动机不是当下的"欲望"，而是面向未来的"希望"。我国的"悦己型消费"可粗略分为两种："即时型悦己消费"与"发展型悦己消费"。"即时型悦己消费"是指购买快速消费品，拓宽视野，实现短期享乐（如按摩、美容等）。"发展型悦己消费"是指购买耐用消费品，学习新技能，为健康投资，充实精神世界。

Crest 佳洁士锁白牙膏系列产品

膏体，让注重情绪价值的年轻消费者在刷牙的同时，可以享有愉悦心情。

　　品牌年轻化一直都是佳洁士持续探索的课题，此次"请你'白'喝咖啡"的营销活动就是针对于当前年轻消费者的咖啡需求，面对咖啡爱好者这一特定圈层展开的一次异业跨界联动。最终，#佳洁士请你"白"喝咖啡#相关话题线上强势刷屏，话题全曝光量达 1600 万，小红书相关话题阅读量达 60.5 万，自来水笔记 600+，佳洁士锁白牙膏成为当时平台牙膏品类搜索第一名，成功触达年轻群体圈层。在 2023 年夏天，面对消费者对于"美白+清新"的进一步需求，佳洁士又推出了全新锁白凉感系列，同时贴合产品卖点，进军年轻人超爱的迷笛音乐

"佳洁士请你'白'喝咖啡"系列周边

节，和新世代受众玩在一起，cool 在一起。

随着互动媒体技术的出现与普及，品牌为打通消费者链路，开始注重垂直领域的 KOL，借助 KOL 角色与消费者产生超强联动，从而提高品牌声量。佳洁士在"请你'白'喝咖啡"活动中，把咖啡店作为落地场景资源，把咖啡主作为 KOL，培养 KOC 资源，通过设置互动机制，如融入产品元素的扭蛋机、微笑打卡机、创意贴纸等周边产品，刺激消费者前来打卡，实现佳洁士与消费者之间的多维度趣味沟通。这种强互动性的细节设置，与年轻人追求新鲜体验与个性化表达的喜好相契合，能够有效激发消费者的参与热情。

面对更加注重体验感的年轻群体，品牌可以与消费者展开深入互动——内容共创，推出"体验＋互动＋创制"的营销方式，让产品融入更多用户的声音。但值得注意的是，当所有品牌都开始重视 UGC 的传播力量,设置互动营销场景,消费者们的参与互动性与最终的效果转化是否能成正比,品牌精心设计的互动环节是否会成为一次性的营销手段、如何才能通过活动机制真正地让产品与品牌走进消费者心智,这也是品牌需要深入思考的话题。

三、营销本土化:深化品牌与本土纽带,实现差异化营销

在快节奏的当下,紧追热点的流量策略可实现产品的病毒式传播,但也面临同质化陷阱,品牌想要真正走进消费者心智,需要深入本地文化,采取本土化的营销策略。佳洁士作为国际品牌,之所以在美国、欧洲、亚洲等地区拥有广泛的市场与消费者基础,在于它独特的营销手段——佳洁士展开深入的市场调研,了解本地消费者的口腔健康需求,并以此为基础研发制定符合本地口味的产品。

在此次活动中,佳洁士深化品牌与上海文化的融合,打破同质化桎梏,推出锁白牙膏系列产品。品牌洞察到咖啡不仅是上海日常生活的一部分,更是这座城市文化的象征,具有强烈的市场需求。基于这一洞察,佳洁士不断优化产品配方,提升产品功能,致力于满足消费者对牙齿美白和护理的高标准要求。同时,佳洁士采用年轻化的营销策略,紧跟消费者的兴趣点,利用热点话题进行个性化的品牌传播,构建与年轻消费者的情感连接。

其次,佳洁士以上海的开放精神为背景,洞察到消费者对情感价值和社会责任的重视,在上海外滩和沪上18家精品咖啡店一起开展佳洁士"白"喝咖啡节,定制品牌专属锁白清新夏日特调,借助线下市集的方式为受众打造线下体验场景,让受众可以沉浸式体验佳洁士想要传达的品牌理念。

与此同时,"佳洁士请你'白'喝咖啡"活动是一次跨界联动与人文关怀的融合。正如巨量引擎的《0分贝直播间》,借助新媒体平台让

部分咖啡店主理人

"健康笑容保护计划"活动

更多的听障人士绽放他们的才华与生命力，佳洁士看到的不仅仅是疫情期间受众对咖啡的需求，更看到了那些受困于疫情但仍然选择坚守的咖啡主理人，佳洁士希望能够通过和咖啡店的合作，让更多的消费者关注到实体咖啡店的现状，佳洁士以实际行动凸显其品牌责任感，彰显企业担当。

上海，人才汇聚之城，对教育的重视尤为突出。洞察此点，佳洁士致力于深耕知识教育领域，旨在通过教育合作与支持，加强与上海文化的融合和本土市场的联系。早在 2003 年开始，佳洁士就发起过"爱牙车计划"，把专业口腔检查带到了广大消费者的身边；2017 年在"笑容传中国"公益活动中，佳洁士为山西、广西、广东等地的希望小学的小朋友带去爱牙套装，开展爱牙课堂；在 2023 年的 920 爱牙日，佳洁士品牌携手中国口腔清洁护理用品工业协会、中国牙病防治基金会等机构共同启动《健康笑容保护计划》，并联合发布"221"科学刷牙法。

一直以来，佳洁士持续深耕在美白牙膏赛道，努力打造美白牙膏市场 No.1 的心智。但在营销手段日益同质化的今天，品牌形象出现扁平化趋势，佳洁士以上海为起点，加强品牌与上海城市、上海人群之间的纽带，以城市资本为基础打造个性化品牌形象，锚定市场占位，占据消费者心智。

四、品牌情怀：彰显品牌温度，践行社会责任

上海，作为全国拥有小店数量最多的城市，不仅是繁华的商业中心，更是一个故事的聚集地。但随着快节奏时代的到来，上海小店正面临悄无声息的消逝。小店不仅仅是那一方空间，更是凝聚一个城市集体记忆与文化的载体，是城市历史发展的见证者。

面对疫情的冲击，上海咖啡小店面临生存难题，佳洁士敏锐洞察这一现况，展开特定圈层的营销活动——"佳洁士请你'白'喝咖啡"，佳洁士希望通过这次简单的跨界联动，让更多的人看到上海咖啡小店，聆听它们背后的故事。佳洁士保护的不仅仅是每一个咖啡星人的牙齿持久美白，也保护每一个咖啡爱好者的热爱。

当一个品牌开始融入人文关怀，便开始在消费者心中播下信任与情感的种子，这种品牌温度的彰显使得品牌与消费者之间建立深厚的情感联结，有助于塑造品牌的良好形象。因此，在当下，品牌需要坚持经济效益与社会效益相统一，积极履行品牌社会责任，在打开知名度的同时提升品牌好感度，塑造品牌的社会价值。

参考文献

[1] 赵宇翔，范哲，朱庆华：《用户生成内容（UGC）概念解析及研究进展》，《中国图书馆学报》，2012 年第 5 期

[2] 周长城：《"悦己型消费"：个体精神在物质边界的延伸》，《人民论坛》，2019 年第 14 期

延伸思考

1. 如果你是广告公司的负责人，你会如何策划这场跨界联动，简单谈谈你的策略规划。

2. 你认为如何推动品牌的年轻化转型？以及如何利用好 UGC 传播力量？

3. 你如何看待"品牌精心设计的互动环节是否会成为一次性的营销手段"？如何才能通过活动机制让产品与品牌真正走进消费者心中？

4. 简单谈谈品牌本土化策略实施的必要性与重要性。

携手恋爱手游，
打造品牌年轻化的花式变革

品牌方: 法国娇兰
案例名称: 法国娇兰 × 手游《光与夜之恋》的跨界 IP 营销
创意执行方: 上海榕智市场营销策划股份有限公司
上海国际广告奖奖项: 银奖

本案例概述图

　　为了始终与新时代女性同频共振，娇兰携手高沉浸互动恋爱手游《光与夜之恋》，以 IP 跨界营销的方式与年轻消费者建立多元连接。以发展女性消费客群、引导女性消费方向、激发女性消费活力、深度融入年轻女性消费圈层，从而助力品牌实现破圈。

——上海榕智市场营销策划股份有限公司

在新时代浪潮下，品牌的年轻化与数智化成为企业转型升级的关键策略。品牌通过与年轻消费者建立情感纽带，从而焕发品牌活力与生命力，扩大品牌的新生代市场，提高品牌市场竞争力。而跨界营销借助不同行业间的梦幻联动，打造差异化与年轻化的受众感知，成为营销界品牌招新的利器。AI 人工智能作为新技术的代表，更是各行业与时代同频，实现年轻化转型的关键。

作为法国百年彩妆品牌，法国娇兰深入中国本土市场，洞察年轻女性消费者的需求与喜好，试图在传统与创新之间找到新的平衡点，以焕发品牌年轻活力，实现品牌招新的目标。借力 2023 年情人节，法国娇兰与中国本土女性手游《光与夜之恋》展开 IP 跨界联动，通过创新玩法与中国女性消费者共同体验恋爱的美好瞬间。但品牌招新与扩大年轻消费者市场是一个复杂的过程，需要面临诸多难题：如何精准洞察目标用户市场，突破行业壁垒，实现媒介创新、产品创新与理念创新？如何在同质化背景下，打造极具记忆点的年轻化营销活动？如何玩转跨界打法，占据消费者心智？以及在 AI 盛行的当下，品牌如何把握这一趋势，实现品牌与新技术的协同发展与互利共生？

一、品牌本土化洞察：法国娇兰与本土恋爱手游间的超强联动

随着互联网新时代的到来，女性群体的崛起带来了"她经济"的蓬勃发展，成为各行各业营销的新风口。法国娇兰，作为一个国际品牌，全面贯彻本土化策略，深入洞察中国女性市场的需求与趋势。调查发现，中国女性玩家对游戏的需求日益增长，尤其是恋爱模拟游戏（乙游）在女性群体中极为火爆，女性游戏行业存在巨大潜力，这与想要打通年轻消费者圈层的法国娇兰不谋而合。

基于这一洞察，法国娇兰在 2023 年情人节之际，联动 IP《光与

夜之恋》推出高沉浸互动恋爱手游跨界营销活动；更联手上海榕智（MAX），在跨界联动的同时搭配社交媒体营销，旨在打通与新时代女性之间的传播隔阂，深层触达年轻女性消费群体，为品牌注入新活力与年轻化形象。

活动前期，法国娇兰叠加"顶流"buff 高能官宣，为活动造势宣传，引发社交媒体的热议；活动中期，推出联名现象级恋爱模拟手游，用创新玩法撬动新生代心智，针对《光与夜之恋》五位男主的性格特点和属性，品牌甄选旗下臻彩宝石唇膏系列的五款热门口红色号和唇膏壳，采取以口红定制虚拟场景的方式，让产品以超出想象的全新形式完美融入游戏中。与此同时，品牌联动圈内知名画手产出手绘、LIVE 2D；优质 COSER 以高度还原联名主题卡面种草产品……借助优质 KOL 打造高质量二创内容，多维度创意种草，引发大量社交讨论和 UGC 自来水传播；活动后期，法国娇兰推动线下活动，协助品牌引导玩家打卡线下大屏，前往品牌线下精品店体验试色和定制服务，实现线上＋线下的传播闭环，进一步达成品牌出圈的目标。

法国娇兰之所以能够借助本土女性手游打通年轻群体圈层，关键在于网络的开放性与多元化，以及青年亚文化群体的崛起。青年亚文化群体是有着共同的兴趣爱好、审美标准与价值观的群体，他们往往由年轻群体构成，并反映年轻一代对社会规范和传统价值的重新诠释，青年亚文化群体已经成为品牌营销不可忽视的新兴力量。在此次 IP 跨界联动中，法国娇兰精心选择了游戏资深玩家、圈内知名画手以及优质 Coser，这些人群的参与不仅能贴近游戏人群喜好，而且能引发特定群体产出高质量的二创内容，从而实现品牌的破圈层传播。

"青年亚文化群体，是品牌的'发声者'和传播内容'创造者'。他们对品牌的体验感受、价值认知往往更接地气、有温度，更容易打动同圈层的消费者，唤起共鸣感，激发消费欲望。同时，他们对品牌传播

娇兰联动 IP 与限定妆容

内容的'再创造'往往更吸睛、新颖，能精准触达潜在消费群体。"

　　法国娇兰，一个拥有百年历史的品牌，正通过本土化的营销策略，与中国本土知名女性手游展开联动，这一策略不仅打破了传统营销的界限，而且通过流行文化的力量，成功拉近与新时代女性群体之间的距离，焕发出品牌的年轻与活力。

二、用户年轻化：游戏创新激发"她经济"活力

　　一个成功的跨界营销在于对目标消费者的深度洞察，从而选择出适合的合作伙伴。通过对消费者行为、心理和生活方式的细致分析，品牌

《光与夜之恋》五位男主

cos《光与夜之恋》部分男主的优质 coser 海报

可以精准定位目标市场，实施精准化营销策略，设计出符合消费者喜好的跨界产品与服务，促进品牌的有效传播。

在新媒体时代下，用户群体的年轻化转型已经成为不可逆转的趋势，90 后和 00 后成为新一代消费主力。作为数字时代的原住民，他们从小在电视与网络的熏陶下成长，形成了与父辈不同的感性逻辑。

互联网时代赋予人类更多新的可能性，让人们的需求和潜力逐渐被看见。游戏行业最初主要聚焦于男性市场，但随着时代的进步和女性力量的崛起，女性玩家的需求开始被重视，中国女性游戏市场展现出强大的发展潜力。女性用户群体的崛起，不仅扩大了游戏市场的规模，也为游戏内容和形式的创新提供了新的动力。当前，女性游戏市场成为新时代的流量风口，"她经济"价值正逐渐被释放。

现代年轻女性更加注重游戏中的情感体验和心理满足感，与传统的休闲益智类游戏相比，她们更倾向于游戏的故事情节、角色设计与社交互动。为了迎合这一趋势，恋爱养成、时尚搭配、模拟经营等类型的游戏产品逐渐被研发出来，以满足女性用户多样化的娱乐需求。

2015-2024 年中国女性游戏行业市场规模统计情况及预测

● 中国女性游戏行业市场规模（亿元）　　● 中国女性移动游戏行业市场规模（亿元）

资料来源:前瞻产业研究院

　　"她经济"正展现出前所未有的活力和潜力，游戏行业与美妆、服饰等女性消费品牌之间展开梦幻联动，女性消费活力被激发。作为专注于女性市场的品牌，抓住时代机遇、抢占市场红利的关键在于贴合新时代消费者需求，制定精准化策略，实现内容的精准投放。

三、策略年轻化：定制化思路与精准化投放

　　目前，跨界营销已经千篇一律，同质化问题显著，消费者一度出现审美疲劳与广告倦怠。然而，本次法国娇兰的 IP 跨界联动效果非常可观，合作产品宣发当天，0 点上线的首批五款联名口红及外壳在一小时内全面售罄，当日成交量增长了十多倍，在上海榕智的内容策略配合之下，本场 campaign 在各社媒平台的话题总阅读量达 15 亿，平台讨论声

量近 50 万。

"定制化思路与精准化运营与投放"的核心策略，让营销更具实效价值。首先，在当下个性化时代，品牌应该摒弃常规化营销，而采取定制化思路。并不是所有的跨界营销都要借助主流社媒平台去投放，而是要根据受众画像和不同活动的体量、预算与短期目标，去制定出针对性、个性化的推广渠道和营销策略。其次，品牌应采取精细化运营模式，助力传统品牌突破圈层壁垒。在情绪至上的时代，以消费者为中心，注重用户情感的双向奔赴是品牌营销走向成功的不二法门，品牌要精准挖掘用户需求，邀请用户参与共创，设计出具有超强互动性的玩法策略，与当前年轻消费者展开内容上的共创与情感上的共鸣。最后，品牌要借助算法技术实现内容的精准化投放，促成目标客群的高触达。面对更趋复杂化的社媒生态，上海榕智（MAX）提炼出四条灵活策略——"跟随平台势能，享受流量红利、多阵地合力，更灵活整合营销活动、选择头部带货，谨防不确定性、加大中腰部潜力账号挖掘，补足达人矩阵"，简而言之，顺应平台趋势、打通渠道壁垒、利用头部 KOL 与挖掘潜在 KOL，成功实现品牌的精准化传播。

"依托优质 KOL 的公域影响力，我们能为品牌快速打开知名度，实现受众的多圈层触达；通过重量级 KOS ❶ 发挥专业种草力跟风造势，助力引领行业流行风向，推动目标人群销售转化；优质 KOC 的私域说服力，让我们可以更好地帮助品牌拉近与普通消费者的距离，实现对用户的精准渗透。"

---

❶ KOS：关键意见销售，多指直播卖货中一些高潜力、高资质的短视频达人。他们既是专业性很强的导购，又拥有很强的创作欲，成为不少品牌线上销售新晋宠儿。无论话题热度还是品牌营销，KOS 都存在较大的流量价值和商业价值。

四、认知年轻化：AI 智能与品牌的双向奔赴

在 AIGC 话题盛行的当下，品牌想要真正打通年轻市场，不仅需要定制化思路与精准化投放的年轻化营销手段，更需要深入思考品牌与智能技术的关系。

随着 ChatGPT 以及 SORA 的兴起，我们正步入一个全新的智能传播时代，企业想要实现长远发展，关键在于顺应时代变革，积极拥抱科技创新。上海榕智（MAX）认为，AIGC 引发的内容营销变革不仅仅是对商业模式的一次全新探索，也是用内容撬动商机的关键一步。基于这一认知，上海榕智 MAX 积极拥抱 AI 等前沿技术，依托合作伙伴与平台优势，利用内部资源与营销工具，倾力打造独具特色的 AIGC 平台（简称 M. A. P），AI 技术的使用给上海榕智（MAX）带来了内容生产力高效化、智能化与精准化，赋能广告产业转型升级。

在上海榕智（MAX）过往的执行案例中，品牌营销项目绝大部分都实现了预期效果目标的超额完成，其中就得益于其 AI 技术的精准应用。上海榕智（MAX）基于后台／第三方数据反馈，实时监控由红人投放产生的品牌舆情、搜索结果、搜索引擎（平台搜索）排名结果，时刻关注整体曝光量、品牌店铺＆公众号粉丝增长及电商销售情况，并及时进行策略层面上的调整。

在 AI 时代的洪流中，科技创新正以不可阻挡之势重塑着每一个行业，在广告这一高度依赖内容创作与创新的领域，AIGC（人工智能生成内容）的影响尤为显著。尽管部分企业对 AI 技术的快速发展而感到不安，甚至产生抵触情绪，但真正的智慧在于认识到，唯有与时俱进，才能在时代的洪流中立于不败之地。

目前，众多品牌已经开始积极探索人工智能技术的无限潜力，将 AI 融入其营销战略和创新实践中。例如 2024 年的春节期间，天猫利用 AIGC 的个性化与精准化特点，联动 20 多位明星与多个热门 IP，发起一

天猫 AI 共创画活动

场别开生面的 AI 共创画的活动，用户可以通过 AIGC 互动，创作出独具个人风格的年画作品。同一时段，伊利推出新年贺岁片《伊笑过龙年》，视频中巧妙运用 AIGC 的动画效果，展现了一幕女孩与数字形象共舞的奇妙场景。

在数字化浪潮的推动下，数字娱乐产业不断发展，品牌与数字技术的融合成为未来发展的必然趋势。这种融合不仅为品牌开辟了新的增长路径，也让消费者享受到更加丰富与个性化的体验。但与此同时，品牌

《伊笑过龙年》视频截图

在利用数字技术的过程中，也面临技术伦理的挑战，如何保护消费者的隐私数据，避免数据泄露与滥用，是品牌需要重视的问题。总而言之，品牌与智能技术的结合，是实现价值共创的重要途径，是企业在数字化转型道路上迈出的关键步伐。

参考文献

[1] 隗静秋，陆文文，范彬彬：《出版机构短视频运营：知识服务、品牌传播与流量转化》，《中国出版》，2021 年第 24 期

延伸思考

1. 你如何看待"口红美妆"与"游戏行业"的 IP 跨界联动？如果让你为法国娇兰策划一场年轻化打法，你会如何设计？

2. 请结合你自己的实际经历，谈谈品牌营销本土化策略的必要性与重要性。

3. 面对跨界营销千篇一律的现实，你认为真正能吸引你的跨界营销案例具备哪些特性？

4. 身处智能传播时代，你觉得 AI 技术会对广告业带来哪些影响，如果你是广告公司或品牌方，你如何处理好与 AI 智能技术之间的关系？

5. 如何实现品牌与 AI 技术的双向奔赴？

以游戏为介，
抒写中国航天式浪漫

品牌方：和平精英
案例名称：一枚造了千年的火箭
创意执行方：北京咖们文化创意有限公司
上海国际广告奖奖项：铜奖

本案例概述图

　　人类最伟大的赞歌就是对自由和勇气永不言弃的追求。"中国航天的浪漫就是把神话变成现实。"飞天一直是我们祖先千年的向往，从古至今，一代代航天追梦人像火箭燃料一样将自己燃烧，终于将远古神话变成现实。

——北京咖们文化创意有限公司

　　我们希望玩家在玩《和平精英》航天主题版本的时候，能够感受到这种航天精神的背后所代表的民族浪漫与厚重感。我们希望用一种更加灵巧、润物细无声的方式，为年轻一代种下一颗颗关于科学与文化的种子。

——腾讯游戏光子工作室《和平精英》项目组

中国游戏产业起步于20世纪90年代初，历经三十余年的持续创新与迭代，从国产单机游戏到PC网络游戏，再到国产手机游戏，每个阶段都有其独特的形态引领着行业发展的潮流。游戏行业之所以成为一片广阔的红海市场，其根源在于它为当代快节奏社会中的人们搭建了一个全新的虚拟空间，即精神家园。在这个网络世界中，人们得以释放天性，塑造全新自我，享受娱乐化带来的快感，并在社交互动中获得满足。

　　但在如今开放式的市场环境下，中国游戏产业面临新的风险与挑战。国内各种新兴、创意化小游戏层出不穷，国外游戏大量涌入，中国本土游戏行业面临生存压力。在这个注意力稀缺的时代，如何打通年轻消费者圈层，焕发品牌活力？如何挖掘全新赛道，突破传统游戏牢笼？又该如何把握当下时代风潮，做好品牌建设？作为本土品牌，如何讲好中国故事，彰显民族文化认同？这是游戏行业需要思考的全新课题。

一、一次跨界新尝试：中国航天浪漫搭配全新游戏玩法

　　如今，IP跨界联动已经成为一种火热的营销手段，无论是茅台的"酱香拿铁"，还是喜茶同"光与夜之恋"的震撼联动，借助"跨界"这一策略，可直接触达年轻受众群体，实现品牌的年轻化转型升级。2022年9月21日，是中国载人航天工程30周年，北京咖们（COMOON）收到《和平精英》的邀请——希望打造一支承载中国航天民族级浪漫的TVC，在此机遇下，一次新的跨界尝试就此展开。

　　《和平精英》拥有5000万日活用户，多次登顶畅销榜、下载榜，是时下最为火爆的战术竞技手游之一。作为一款连接中国庞大用户的娱乐社交产品，《和平精英》始终坚持一个重要产品价值观——通过引燃年轻一代人的文化自信与民族认同，传递中国社会责任、展现中国时代力

"将我空投向宇宙"宣传图

量。2022 年，中国人首次在太空拥有自己的空间站，《和平精英》想要将这份"航天热"的民族自豪感传递给更多的玩家，为了实现这一目标，《和平精英》携手中国航天神舟传媒重磅推出了"太空之旅"航天主题版本。

这则《一枚造了千年的火箭》的故事讲述了 5 个不同时代的飞天梦，从古代篇章的嫦娥奔月与万户飞天的神话传说，到"东方红"卫星一号的升空与中国航天员进入到太空的现代篇章，再到未来时空中的虚拟数字人吉莉在海岛发射基地引发数字火箭。从古至今，将一代代人的航天梦化作一节节的火箭舱体，以不断向上的运动形式得以展现，彰显了中华民族对于飞天五千年的向往。

《和平精英》团队表示，内部在写《一枚造了千年的火箭》TVC 创意方案的时候，屈原《天问》是最初的灵感源泉。"三十而立"，在中国人的认知里有着很好的寓意，如今中国载人航天工程 30 周年的成就，也正是从古至今我国无数先驱前辈们孜孜不倦追求与探索的成果。TVC

"一枚造了千年的火箭"广告片宣传图

把中华民族千百年的飞天浪漫具象化为游戏内火箭载体,去传递华夏儿女在"问天"这条路上,始终不遗余力地用勇往,回敬千年的过往。

对于此次的跨界新尝试,品牌方认为跨界联动不应仅限于游戏皮肤或场景道具的简单呈现,而是要实现游戏内外的深度融合与协同发力。游戏内,《和平精英》团队将现实中的长征火箭等比例缩放到游戏场景之中,大到火箭运输、发射台操控,小到发射台底部导流槽中液体的变化、玩家在太空活动时航天服的喷气方向等细节,《和平精英》为游戏玩家打造超真实"太空之旅"体验;游戏外,《和平精英》发布了致敬行动启幕片《一枚造了千年的火箭》,上线全图大事件——"将我空投向宇宙"航天光影大赏,玩家在绚丽的烟火下与穿越古今的航天英雄挥手合影,领略航天科技之美。《和平精英》用自己的方法实现了"营销玩法"与"科普实践"的深度融合。

每一次的跨界新尝试,都是一次利益与风险并存的实践。对于北京咖们来说,如何在注意力稀缺的时代背景下,让受众短时间内领略五个

"将我空投向宇宙"航天光影大赏

不同时代的故事精髓与情绪表达。更进一步来说，如何把"《和平精英》的航天主题玩法"与"中国航天的独特视角与温暖浪漫"更好地整合在一起，实现不同行业的深度跨界融合，这对北京咖们来说是一次巨大挑战。

对于打造成功的跨界营销活动，北京咖们提炼出两个核心关键词——"情绪+反差"。放眼望去，90后、00后成为新的消费主力军，作为互联网的新生代，他们受数字信息技术、智能手机的影响较大，这造就了他们独特的消费习惯、生活方式与思想观念。北京咖们表示，当代年轻人更加重视情绪价值，因此对年轻人情绪的拿捏，或者说向年轻人情绪上的靠近与融入是我们要做的第一步。同时，内容的差异化也至关重要，品牌IP间的巨大反差会给消费者带来新奇感，加深品牌印象。

二、游戏生存新赛道：玩家文化与科普实践的深度融合

在快节奏的现代社会，生活压力日益增大，人们迫切寻求一个能够逃离现实、释放压力的空间。游戏，以其独特的魅力和沉浸式体验，成为满足这一需求的理想选择。面对游戏这一庞大流量池，众多参与者竞相涌入，从任天堂推出的"塞尔达"到抖音、微信等平台推出各种智力小游戏，游戏行业早已面临内卷的事实。休闲类、益智类、美妆类、恋爱类等，游戏类别从无到有，从少到多，在消费者审美逐渐疲劳的当下，如何探索并开辟出一个全新的赛道，成为游戏行业亟需解决的问题。

《和平精英》突破传统游戏界限，挖掘全新的赛道模式——科普教育（又称 "科普研究所"）。这一创新模式摒弃了传统科普方式的单调乏味，在科普与游戏之间寻找新的平衡点。《和平精英》充分发挥作为热门游戏的 IP 影响力和技术实力，将现实生活中科学知识及科技文化，用开放自由的场景构建、深度沉浸化主题体验等方式，潜移默化地传递给消费者，让受众在游戏中体验中国航天式的浪漫。

《一枚造了千年的火箭》广告片上线后，当周视频全网播放量近5000 万，互动量已超 50 万，相关内容登上"学习强国"。《科技日报》、《中国航天报》、中国航天神舟传媒等官 9 方媒体纷纷转载发布，其广告片还登上了微博、快手等主流社交媒体的 6 大热榜热搜，创造了 G 端（Government）/B 端（Business）/C 端（Consumer）的 IP 联动新高。《和平精英》此次 IP 跨界活动的成功在于它探索出游戏作为媒介而言的全新意义——游戏不只是一款深受用户喜爱的社交娱乐产品，还是一种可以承载文化理念，甚至是传递与吸纳多元正向价值的媒介。

《和平精英》以国家航天精神为种子，撒播到游戏玩家的虚拟世界中，实现虚拟与现实的交融，在这一过程中，《和平精英》突破营销的同质化桎梏，实现了游戏与航天领域的超强联动。

"将我投向宇宙"系列图片

三、破圈时代风口：践行品牌社会责任感，助推公益事业开放化

品牌的转型升级，最根本的是观念的转型升级。从本质上来说，想要抓住时代风口，最重要的是抓住"人"的概念。用户在哪里，哪里就

和平精英公益
凝聚微光　守护和平

和平精英公益

"一花一梦想"主题活动

龙跃长城主题版本宣传图

会有生存空间，因此各行各业想要抓住时代风潮的本质是顺应消费者的习惯。当代年轻人热衷于追求新鲜体验和冒险精神，他们倡导享乐主义，高度注重情绪价值与个人体验，因此，品牌的社会责任感成为影响消费者评价和选择品牌的重要标准。大卫·奥格威曾言，"所有的广告都应该有助于建立一个复杂的象征符号，即品牌形象。"

但在很长时间里，品牌方树立品牌形象的方式较为单一，大都采取直接的捐款慈善活动，但其容易变成一次性善举。放眼当下，科技赋权大大降低了人们参与公益的门槛，与直接捐款相比，品牌推动公益事业开放化，实现公益项目的"全民共创"更有意义。为大众提供公益参与渠道，让每个网友都可以为自己关注的公益领域贡献力量，这既能彰显品牌社会责任感，又能调动消费者的互动性与参与感，最重要的是能为社会公益事业带来更长尾正向效益的初心。

为进一步助力航天事业发展，《和平精英》在 2022 年的 99 公益期间，联合腾讯公益慈善基金会，在游戏内上线了"一花一梦想"主题活动，鼓励玩家通过游戏任务捐赠小红花，守护乡村儿童的航天梦想，活动上线 2 日就完成了捐赠 2000 万朵红花的目标。

实际上，《和平精英》与公益的渊源可以追溯到 2020 年。当年 9 月，《和平精英》推出了"4peace 长线公益计划"，这也是手游领域首次推出的长线公益品牌。"4peace"取自"For Peace（为了和平）"的谐音，在游戏内，这是深受玩家喜爱的四排社交，在游戏外，其象征的是"游戏—玩家—社会—更广泛群体"的公益世界。不难看出，《和平精英》的初衷正是希望能让每一位玩家都参与到公益本身中去。此外，2020 年 5 月，《和平精英》首次以直播卖货形式，助力重庆市彭水县农特产相关产业；2020 年 9 月，《和平精英》致敬老兵活动上线，让老兵故事走进大众视野；2021 年 6 月，《和平精英》推出了"全面守护，禁毒精英"禁毒知识大闯关新媒体互动产品……《和平精英》深耕公益建设，助推公益精神与游戏文化形成一定的耦合关系，将自身打造成容纳丰富公益合作模式的天然孵化器。

四、文化自信：中国本土产业的传承与民族认同

《和平精英》作为中国本土游戏品牌的杰出代表，凭借其卓越的技术实力和沉浸式、娱乐化体验，赢得国内玩家的喜爱，并成功走向世界。这款游戏不仅在娱乐性上达到高标准，更是在弘扬民族文化自信方面发挥了积极作用。

在游戏设计上，《和平精英》巧妙地融入丰富的中国元素，将中国传统文化场景如江南园林、北京中轴线等通过数字化技术精细呈现，让玩家在体验游戏的同时，能够感受到中国古典建筑和园林艺术的魅力。此外，游戏还深入融合了中国传统节日，通过节日氛围的营造和文化元素的嵌入，让玩家在虚拟世界中体验到浓厚的节日文化和传统习俗。2024 年春节，《和平精英》将最能象征中国龙脊的国家文化瑰宝——万里长城带进了数字游戏世界，推出了新春主题版本"龙跃长城"，游

戏内不仅还原了气势恢宏的万里长城场景，还围绕长城打造了"考古"与"战斗"系列主题区域与特色玩法，让玩家可以在游戏内一起庆龙年，游长城。从这些案例中可以感知到，《和平精英》一直在讲好中国故事，传递好中国声音方面做出的巨大努力。

腾讯光子工作室群总裁陈宇先生曾说，以游戏为载体，探索游戏科技的跨领域应用，是游戏企业践行社会责任的必由之路。

这次航天跨界 IP 联动不仅是对中国文化的一次深情致敬，更是对中国社会责任和时代力量的传递，《和平精英》借助《一枚造了千年的火箭》广告片，进一步激发出年轻一代对中国文化的自信与认同。在当前媒介化的世界，人们无时无刻不受到各种媒介的影响，"游戏"同"广告"一样，除自身基本功能外还附有价值引导的重要作用。《和平精英》洞察到"游戏"自身的特殊属性，利用游戏展开跨界新尝试，在创新营销打法的同时，为中国文化赋能，宣传中国良好形象。作为中国的本土产业，要自觉坚守好中国传统文化的精髓，坚持民族文化自信与文化认同，承担起推动国家文化自信的重任。

延伸思考
1. 如果你是项目负责人，你将如何策划此次的跨界营销？你觉得做好跨界营销的关键是什么？
2. 你如何看待《和平精英》推出的全新赛道——科普计划，你如何定义"游戏"这一媒介？
3. 结合当下时代现状，你如何衡量产品与品牌二者的关系，以及公益与商业的关系。
4. 作为品牌方，你认为游戏行业如何更好地为中国赋能？

补充材料
系列案例

2020年，"科普研究所"计划第一步：《和平精英》与《中国国家天文》杂志展开合作，玩家可以在游戏内观看日食、参观天文馆，了解有趣的天文天象科普内容。

2021年，"科普研究所"计划第二步：《和平精英》与中国海洋研究所联动，在游戏内还原科考功勋船"科学一号"和赤潮治理过程，激发玩家对广阔海洋的探索与生态保护热情。

下一圈 是星辰大海

下一圈 是蔚蓝大海

2023年，"科普研究所"计划第四步：《和平精英》携手中国大熊猫保护研究中心，在绿洲世界中上线全新"大熊猫秘境"特别玩法，让玩家了解野生大熊猫保护工作相关知识。

2022年，"科普研究所"计划第三步：《和平精英》联合中国航天神舟传媒，让航天知识与体验在游戏里更加真实可感，唤醒每一位特种兵的航天民族自豪感。

加入和平圆宇宙

将我投向宇宙

后记

随着 2023 年上海国际广告节的圆满落幕，我们怀着无比激动的心情，将这本精心编纂的书呈现给读者。本书不仅是对本年度广告节辉煌成就的回顾与致敬，更是对广告行业智慧与创新精神的深刻展现。

在编纂过程中，我们从 325 个等级奖项中精挑细选出了 26 个最具代表性和影响力的案例，它们涵盖了广告创意、执行、效果等各个方面，充分展现了广告行业的多样性和活力。为了更好地揭示这些案例背后的故事和趋势，我们按照"ESG""故事""文化自信与品牌认同""前瞻""效果营销"和"跨界营销"这六个标签对它们进行了分类，并通过深入采访品牌主和广告执行公司，挖掘了每个案例背后的独特价值和经验。

在此，我们要特别感谢所有参与本书编纂的团队成员：郑季娃、刘沁函、李林杰、田亚茹、张洒洒、陈宇豪、陈凤和刘韦辰。他们付出了大量的时间和精力，对每一个案例进行了深入的分析和研究，用专业的笔触和敏锐的洞察力，为读者呈现了一个个生动、鲜活的广告故事。他们的辛勤工作和无私奉献，是本书得以成功编纂的重要保障。

同时，我们也要感谢上海市广告协会，感谢所有接受我们采访的品牌方和广告执行公司。他们慷慨地分享了自己的经验和见解，让我们得以更深入地了解每个案例背后的故事和创意过程。他们的开放和合作，为本书的编纂提供了宝贵的素材和灵感。

我们希望通过这本书,读者能够更全面地了解广告行业的现状和发展趋势,感受到广告创意的无限魅力和可能性。同时,我们也期待这本书能够成为广告从业者、学者和爱好者的宝贵参考资料,为他们提供灵感和启示,推动广告行业的不断创新和发展。

在未来的日子里,我们将继续关注广告行业的动态和发展,努力为读者带来更多有价值、有深度的内容和作品。让我们携手前行,共同见证广告行业的辉煌与未来!

图书在版编目（CIP）数据

数字广告案例集/张华,季华敏,吴冰冰著.
上海：文汇出版社, 2025. 6. -- ISBN 978-7-5496
-4429-2

Ⅰ. F713.8-39
中国国家版本馆CIP数据核字第2025BN1937号

数字广告案例集

作　　者 / 张　华　季华敏　吴冰冰

责任编辑 / 陈　屹
装帧设计 / 艺　海

出 版 人 / 周伯军

出版发行 / 文匯出版社
　　　　　　上海市威海路755号
　　　　　　（邮政编码200041）
经　　销 / 全国新华书店
印刷装订 / 上海颛辉印刷厂有限公司
版　　次 / 2025年6月第1版
印　　次 / 2025年6月第1次印刷
开　　本 / 720×1000　1/16
字　　数 / 252千
印　　张 / 19.75

ISBN 978-7-5496-4429-2
定价 / 98.00元